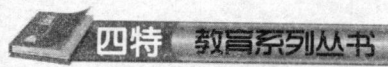

锻炼学生创造力的智力游戏策划

《"四特"教育系列丛书》编委会 编著

吉林出版集团股份有限公司
全国百佳图书出版单位

图书在版编目（CIP）数据

锻炼学生创造力的智力游戏策划 /《"四特"教育系列丛书》编委会编著 . —长春：吉林出版集团股份有限公司，2012.4

（"四特"教育系列丛书 / 庄文中等主编 . 学校体育竞赛与智力游戏活动策划）

ISBN 978-7-5463-8629-4

Ⅰ.①锻… Ⅱ.①四… Ⅲ.①智力读戏－青年读物②智力游戏－少年读物 Ⅳ.① G898.2

中国版本图书馆 CIP 数据核字（2012）第 041986 号

锻炼学生创造力的智力游戏策划
DUANLIAN XUESHENG CHUANGZAOLI DE ZHILI YOUXI CEHUA

出 版 人	吴　强
责任编辑	朱子玉　杨　帆
开　　本	690mm×960mm　1/16
字　　数	250 千字
印　　张	13
版　　次	2012 年 4 月第 1 版
印　　次	2023 年 2 月第 3 次印刷
出　　版	吉林出版集团股份有限公司
发　　行	吉林音像出版社有限责任公司
地　　址	长春市南关区福祉大路 5788 号
电　　话	0431-81629667
印　　刷	三河市燕春印务有限公司

ISBN 978-7-5463-8629-4　　　　　定价：39.80 元

版权所有　侵权必究

前　言

学校教育是个人一生中所受教育的最重要组成部分，个人在学校里接受计划性的指导，系统地学习文化知识、社会规范、道德准则和价值观念。学校教育从某种意义上讲，决定着个人社会化的水平和性质，是个体社会化的重要基地。知识经济时代要求社会尊师重教，学校教育越来越受重视，在社会中起到举足轻重的作用。

"四特教育系列丛书"以"特定对象、特别对待、特殊方法、特例分析"为宗旨，立足学校教育与管理，理论结合实践，集多位教育界专家、学者以及一线校长、老师们的教育成果与经验于一体，围绕困扰学校、领导、教师、学生的教育难题，集思广益，多方借鉴，力求全面彻底解决。

本辑为"四特教育系列丛书"之《学校体育竞赛与智力游戏活动策划》。

学校体育运动会是学校教育教学工作的一个重要组成部分，是体育活动中的一个重要内容。它不仅可以增强学生的体质，同时，也可以增强自身的意志和毅力，并在思想品质的教育上，发挥不可替代的作用。学校通过举办体育运动会，对推动学校体育的开展，检查学校的体育教学工作，提高体育教学、体育锻炼与课余体育训练质量和进行学校精神文明建设等都具有重要的意义。本书旨在普及体育运动的知识，充分调动广大青少年学生参与体育活动的积极性，内容包括学校体育运动会各个单项的竞赛与裁判知识等内容，具有很强的系统性、实用性、实践性和指导性。

将智力和游戏结合起来，通过游戏活动达到大脑锻炼的目的，是恢复疲劳、增强脑力、重塑脑功能结构的主要方式，是智力培养的重要措施。

青少年的大脑正处于发育阶段，具有很大的塑造性，通过智力游戏活动，能够培养和开发大脑的智能。特别是广大青少年都具有巨大的学习压力，智力游戏活动则能够使他们在轻松愉快的情况下，既完成繁重的学业任务，又能提高智商和情商水平，可以说是真正的素质教育。为了使广大青少年在玩中学习，在乐中提高，我们根据青少年的生理、心理特点，特别编写这套书。我们采用做游戏、讲故事等方法，让广大青少年思考问题，解决难题，并在玩乐的过程中，循序渐进地提高智商和开发智力，达到学习与娱乐双丰收的效果。

本辑共20分册，具体内容如下：

1.《团体球类运动竞赛》

学校体育运动的目的是调动学生活动的兴趣，提高学生参加体育运动和各种活动的积极性和参与率，让学生在运动中才能体会到参与的快乐。本书就学校团体球类运动的竞赛与裁判问题进行了系统而深入的阐述，使学生掌握组织团体球类竞赛的方法体例科学，内容全面，具有很强的系统性、实用性、实践性和指导性。

2.《小型球类运动竞赛》

小型球类运动竞赛包括排球、羽毛球和乒乓球等比赛。学校体育运动的目的是调动学生活动的兴趣,提高学生参加体育运动和各种活动的积极性和参与率,让学生在运动中才能体会到参与的快乐。小型球类运动竞赛包括排球、羽毛球和乒乓球等比赛。本书就学校个人球类运动的竞赛与裁判问题进行了系统而深入的阐述,体例科学,内容全面,具有很强的系统性、实用性、实践性和指导性。

3.《跑走跨类田径竞赛》

学校体育运动的目的是调动学生活动的兴趣,提高学生参加体育运动和各种活动的积极性和参与率,让学生在运动中才能体会到参与的快乐。跑走跨类田径竞赛包括长短跑、跨栏跑和竞走等项目比赛。本书就学校跑走跨类田径运动的竞赛与裁判问题进行了系统而深入的阐述,体例科学,内容全面,具有很强的系统性、实用性、实践性和指导性。

4.《跳跃投掷类田径竞赛》

长期来,在技术较为复杂的非周期性田径项目的教学中,一般都采用以分解为主的教学法。这种教学法,教学手段繁琐,教学过程复杂,容易产生技术的割裂和停顿现象,特别是与现代跳跃和投掷技术的快速和连贯性有着明显的矛盾。因此,它对当前进一步提高教学质量产生十分不利的影响。本书就学校跳跃投掷类田径运动的竞赛与裁判问题进行了系统而深入的阐述,体例科学,内容全面,具有很强的系统性、实用性、实践性和指导性。

5.《体操运动竞赛》

竞技性体操包括竞技体操、艺术体操、健美操、技巧、蹦床五项运动。其中,竞技体操男子项目有自由体操、鞍马、吊环、跳马、双杠、单杠六项,女子项目有跳马、高低杠、平衡木、自由体操四项。本书就学校竞技体操运动的竞赛与裁判问题进行了系统而深入的阐述,体例科学,内容全面,具有很强的系统性、实用性、实践性和指导性。

6.《趣味球类竞赛》

学校体育运动的目的是调动学生活动的兴趣,提高学生参加体育运动和各种活动的积极性和参与率,让学生在运动中才能体会到参与的快乐。本书就学校趣味球类竞赛项目运动的竞赛与裁判问题进行了系统而深入的阐述,体例科学,内容全面,具有很强的系统性、实用性、实践性和指导性。

7.《水上运动竞赛》

水上运动包含五个项目:游泳,帆船,赛艇,皮划艇,水球。本书就学校水上运动的竞赛与裁判问题进行了系统而深入的阐述,体例科学,内容全面,具有很强的系统性、实用性、实践性和指导性。

8.《室内外运动竞赛》

室内运动栏目包括瑜伽、拉丁、肚皮舞、普拉提、健美操、踏板操、舍宾、跆拳道等,户外运动栏目包括攀岩登山,动感单车,潜水游泳,球类运动等。本书就学校室内外运动的竞赛与裁判问题进行了系统而深入的阐述,体例科学,内容全面,具有很强的系统性、实用性、实践性和指导性。

9.《冰雪运动竞赛》

冰雪运动主要包括冬季运动和轮滑运动训练、竞赛、医疗、科研、教学、健身、运动器材、冰雪旅游等。本书就学校冰雪运动的竞赛与裁判问题进行了系统而深入的阐述，体例科学，内容全面，具有很强的系统性、实用性、实践性和指导性。

10.《趣味运动竞赛》

趣味运动，是民间游戏的全新演绎，是集思广益的智慧创造，它的样式不同，内容各异。趣味运动会将"趣味"融于"团队"中，注重个人的奉献与集体的协作。随着中国经济文化的迅速发展，人们精神文化生活的丰富，趣味体育也有了更广阔的发展，成为一种新的时尚。本书就学校趣味运动的竞赛与裁判问题进行了系统而深入的阐述，体例科学，内容全面，具有很强的系统性、实用性、实践性和指导性。

11.《锻炼学生观察力的智力游戏策划》

发展观察力的游戏有"目测"、"寻找"、"发现"等。这些游戏可帮助学生加强观察的目的性、计划性，扩大观察范围，使孩子能更多、更清楚地感知事物。本书对锻炼学生观察力的智力游戏项目策划进行了系统而深入的阐述，体例科学，内容全面，具有很强的系统性、实用性、实践性和指导性。

12.《锻炼学生注意力的智力游戏策划》

注意力是儿童普遍存在的问题。他们在听课、做作业、看书、活动等事情上，往往不能集中注意力，也没有耐性。在人们的生活、学习和工作过程中，注意力起着非常重要的作用。有位教育专家说：注意力是学习的窗口，没有它，知识的阳光就照射不进来。本书对锻炼学生注意力的智力游戏项目策划进行了系统而深入的阐述，体例科学，内容全面，具有很强的系统性、实用性、实践性和指导性。

13.《锻炼学生记忆力的智力游戏策划》

记忆力游戏是一种主要依赖于个人记忆力来完成的单人或团体游戏。这类游戏的形式无论是现实或网络中都是非常多的，能否胜出本质上取决于个人的记忆力强弱，这也是一种心理学游戏。本书对锻炼学生记忆力的智力游戏项目策划进行了系统而深入的阐述，体例科学，内容全面，具有很强的系统性、实用性、实践性和指导性。

14.《锻炼学生思维力的智力游戏策划》

这是一本不可思议的挑战人类思维的奇书，全世界聪明人都在做。在这本书里，你会找到极其复杂的，也是非常简单的推理问题，让人迷惑不解的图形难题，需要横向思维的难题和由词语、数字组成的纵横字谜，以及大量的包含图片、词语或数字，或者三者兼有的难题，令你绞尽脑汁，晕头转向！现在，你需要的是一支铅笔和一个安静的角落，请尽情享受解题的乐趣吧！

15.《锻炼学生想象力的智力游戏策划》

学校的智力游戏活动主要是锻炼学生认识、理解客观事物并运用知识、经验等解决问题的能力，它是直接为学生提高学习能力而服务的，也是学生学习知识的实践运用，它不仅具有趣味性，更具有娱乐性。本书对锻炼学生想象力的智力游戏项目策划进行了系统而深入的阐述，体例科学，内容全面，具有很强的系统性、实用性、实践性和指导性。

16.《锻炼学生表达力的智力游戏策划》

语言表达能力是现代人才必备的基本素质之一。在现代社会，由于经济的迅猛发展，人们之间的交往日益频繁，语言表达能力的重要性也日益增强，好口才越来越被认为是现代人所应具有的必备能力。本书从大量的益智游戏中精选了一些能提高青少年记忆力的思维游戏，为广大读者提供一个检视自身思维结构，全面解码知识、融通知识、锻炼思维的自我训练平台。

17.《锻炼学生学习力的智力游戏策划》

学校的智力游戏活动主要是锻炼学生认识、理解客观事物并运用知识、经验等解决问题的能力，它是直接为学生提高学习能力而服务的，也是学生学习知识的实践运用，它不仅具有趣味性，更具有娱乐性。本书对锻炼学生学习力的智力游戏项目策划进行了系统而深入的阐述，在游戏中培养孩子的学习能力。体例科学，内容全面，具有很强的系统性、实用性、实践性和指导性。

18.《锻炼学生空间力的智力游戏策划》

学校的智力游戏活动主要是锻炼学生认识、理解客观事物并运用知识、经验等解决问题的能力，它是直接为学生提高学习能力而服务的，也是学生学习知识的实践运用，它不仅具有趣味性，更具有娱乐性。本书对锻炼学生空间力的智力游戏项目策划进行了系统而深入的阐述，体例科学，内容全面，具有很强的系统性、实用性、实践性和指导性。

19.《锻炼学生实践力的智力游戏策划》

社会实践即通常意义上的假期实习，对于在校大学生具有加深对本专业的了解、确认适合的职业、为向职场过渡做准备、增强就业竞争优势等多方面意义。也有些学生希望趁暑假打份零工，积攒一份私房钱。本书对社会锻炼学生实践力的智力游戏项目策划进行了系统而深入的阐述，体例科学，内容全面，具有很强的系统性、实用性、实践性和指导性。

20.《锻炼学生创造力的智力游戏策划》

本书对创造能力的培养进行研究，包括创造力的认识误区、创造力生成的基本理论、创造力的提升、管理者应具备的技能等，同时针对学生设计的游戏形式来进行创造力的训练。其实，想要激发孩子的创造力，你不必在家里放上昂贵的玩具和娱乐设施。一些简单的活动，比如和宝宝玩拍手游戏，或者和孩子一起编故事，所有这些都能让孩子进入有创意的世界。本书对锻炼学生创造力的智力游戏项目策划进行了系统而深入的阐述，体例科学，内容全面，具有很强的系统性、实用性、实践性和指导性。

由于时间、经验的关系，本书在编写等方面，必定存在不足和错误之处，衷心希望各界读者、一线教师及教育界人士批评指正。

编者

目 录

第一章　学生创造力的锻炼指导 ……………………………… (1)
　　1. 什么叫创造力 ……………………………………………… (2)
　　2. 创造力的构成 ……………………………………………… (3)
　　3. 创造力的行为特征 ………………………………………… (5)
　　4. 创造力的培养 ……………………………………………… (6)
　　5. 创造力的发掘 ……………………………………………… (7)
　　6. 开发孩子创造力的方法 …………………………………… (10)
　　7. 提高创造力的技巧 ………………………………………… (13)
　　8. 培养创造力应注意的问题 ………………………………… (24)
　　9. 阻碍创造力习惯的改变 …………………………………… (26)
　　10. 创造力测试 ………………………………………………… (29)

第二章　学生创造力的锻炼游戏 ……………………………… (33)
　　1. 曹冲 6 岁称象 ……………………………………………… (34)
　　2. 祖冲之 5 岁决心解开圆周之谜 …………………………… (36)
　　3. 数学天才华罗庚 …………………………………………… (38)
　　4. 从风水书上认字的苏步青 ………………………………… (40)
　　5. 童年惶恐的陈景润 ………………………………………… (42)
　　6. 希帕蒂娅 10 岁迷上数学 …………………………………… (44)

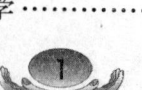

7. 高斯 8 岁发现求等差级数和 …………………… (47)

8. 童年愚笨的希尔伯特 …………………………… (48)

9. 爱因斯坦 5 岁从计算中获得快乐 ……………… (50)

10. 水池里有几桶水 ………………………………… (53)

11. 王冠的秘密 ……………………………………… (54)

12. "小不点"考上中学 ……………………………… (55)

13. 聘不到家庭教师 ………………………………… (56)

14. 数学明星苏步青 ………………………………… (57)

15. 史丰收创速算法 ………………………………… (58)

16. 牧童与国王 ……………………………………… (59)

17. 沙昆塔拉的心算 ………………………………… (60)

18. 阿拉伯数字的历史误会 ………………………… (61)

19. "0"的故事 ……………………………………… (62)

20. 最大的数有多大 ………………………………… (63)

21. 神秘的大西岛 …………………………………… (64)

22. 乌龟背上的数 …………………………………… (65)

23. 奇妙的 1/243 …………………………………… (65)

24. 兄弟分房子 ……………………………………… (66)

25. 他是疯子还是大师 ……………………………… (66)

26. 四对半双休日 …………………………………… (68)

27. 多才多艺的祖冲之 ……………………………… (68)

28. 埃及金字塔之谜 ………………………………… (69)

29. 百科全书式的天才 ……………………………… (70)

30. 一个迷人的猜想 ………………………………… (72)

31. 诸葛亮秘传手稿 ………………………………… (73)

32. 52 年与 17 秒 …………………………………… (73)

33. 英雄追乌龟 …………………………………… (75)
34. 天赋 + 勤奋 = 高斯的"天才" ……………… (76)
35. 速算奇人 …………………………………… (77)
36. 爱因斯坦奇特的记忆方式 ………………… (78)
37. 掉进漩涡里的数 …………………………… (79)
38. 退位让贤的好老师 ………………………… (79)
39. 数学奥林匹克的历史 ……………………… (80)
40. 自学成才的数学家 ………………………… (81)
41. 小数点的代价 ……………………………… (83)
42. 斐波拉契的兔子 …………………………… (84)
43. 香案 ………………………………………… (86)
44. 他像被神附了体一样 ……………………… (89)
45. 数学家巧破杀人案 ………………………… (91)
46. 地毯与火柴 ………………………………… (93)
47. 批注之谜 …………………………………… (95)
48. 飞矢不动 …………………………………… (97)
49. 百枚钱币鼓士气 …………………………… (99)
50. 勇敢的叛逆者 ……………………………… (101)
51. 麻团的价格 ………………………………… (103)
52. 公鸡蛋 ……………………………………… (104)
53. 踏雪擒狼 …………………………………… (105)
54. 数学家的记忆力 …………………………… (108)
55. 学习数学需要一丝不苟 …………………… (109)
56. 巧量对角线 ………………………………… (111)
57. 小欧拉智改羊圈 …………………………… (112)
58. 数学神童维纳的年龄 ……………………… (114)

59. 没有来的举手 …… (115)

60. 蜜蜂的"语言" …… (116)

61. 花砖铺设问题 …… (118)

62. 找零钱 …… (119)

63. 唐僧取经 …… (120)

64. 数字兄弟 …… (121)

65. "摸球游戏"与概率论 …… (122)

66. 对数的创立 …… (124)

67. 大战食数兽 …… (126)

68. 华罗庚与帽子 …… (127)

69. 用字母代替数 …… (128)

70. 孙悟空大战牛魔王 …… (130)

71. 狐狸致癞 …… (132)

72. 独眼狼王 …… (133)

73. 肚里生虫 …… (135)

74. 围剿兔子村 …… (137)

75. 狼狐决斗 …… (138)

76. 猪八戒新传之虚张声势 …… (140)

77. 抽数谎破 …… (141)

78. 脑门起包 …… (142)

79. 蜜桃方阵 …… (144)

80. 17匹马的故事 …… (145)

81. 猎人的手表 …… (145)

82. 棋盘上的麦粒问题 …… (146)

83. 它们各自割了多少千克草 …… (147)

84. 需要几天时间 …… (149)

85. 用砂粒填满宇宙	(150)
86. 斐波拉契数列	(152)
87. 托尔斯泰问题	(153)
88. 奇特的墓志铭	(155)
89. 推算科学家的年龄	(156)
90. 谁的算法对	(157)
91. 三等分角问题	(158)
92. 化圆为方问题	(161)
93. 中国剩余定理	(163)
94. 数学怎样跌进"黑洞"	(166)
95. 破碎砝码的妙用	(167)
96. 你能算出哪一天是星期几吗	(168)
97. "奇异的追击"	(170)
98. 池塘中的芦苇有多高	(170)
99. 怎样把有理数排队编号	(172)
100. 抽屉原则	(174)
101. 在满箱子里再装一个零件	(175)
102. 用淘汰制计算比赛场数	(176)
103. 怎么走路淋雨越少	(177)
104. 购买奖券的中奖概率	(178)
105. 如何用数学方法挑选商品	(180)
106. 能被2、3、5、9或11整除的数	(182)
107. 加法速算法	(184)
108. 为什么2^n个小球能移为一堆	(185)
109. 计算"断电"的时间	(186)
110. 从"猴子分桃子"谈起	(187)

111. 为什么乌鸦不一定喝到水 …………………………（189）
112. 怎样才能使线路最短 ……………………………（190）
113. 坏狐狸和三角形 …………………………………（192）
114. 火柴游戏 …………………………………………（194）

第一章

学生创造力的锻炼指导

1. 什么叫创造力

创造力是人类特有的一种综合性本领。一个人是否具有创造力，是一流人才和三流人才的分水岭。它是知识、智力、能力及优良的个性品质等复杂因素综合优化构成的。创造力是指产生新思想，发现和创造新事物的能力。它是成功地完成某种创造性活动所必需的心理品质。例如创造新概念、新理论，更新技术，发明新设备、新方法，创作新作品都是创造力的表现。

创造力是一系列连续的复杂的高水平的心理活动。它要求人的全部体力和智力的高度紧张以及创造性思维在最高水平上进行。

真正的创造活动总是给社会产生有价值的成果，人类的文明史实质是创造力的实现结果。对创造力的研究日趋受到重视，由于侧重点不同，出现两种倾向：一是不把创造力看作一种能力，认为它是一种或多种心理过程，从而创造出新颖和有价值的东西；二是认为它不是一种过程，而是一种产物。一般认为它既是一种能力，又是一种复杂的心理过程和新颖的产物。

有人认为，创造力根据创造潜能得到充分的实现。创造力较高的人通常有较高的智力，但智力高的人不一定具有卓越的创造力。根据西方学者研究表明，智商超过一定水平时，智力和创造力之间的区别并不明显。创造力高的人对于客观事物中存在的明显失常、矛盾和不平衡现象易产生强烈兴趣，对事物的感受性特别强，能抓住易为常人漠视的问题，推敲入微，意志坚强，比较自信，自我意识强烈，能认识和评价自己与别人的行为和特点。

创造力与一般能力的区别在于它的新颖性和独创性。它的主要成分是发散思维，即无定向、无约束地由已知探索未知的思维方式。按照美国心理学家吉尔福德的看法，发散思维当表现为外部行为时，就代表了个人的创造能力。

可以说，创造力就是用自己的方法创造新的别人不知道的东西。

2. 创造力的构成

研究创造力的构成，分析创造力的构成因素，有利于加深对创造力本质的了解，对进行创造力开发具有指导作用。

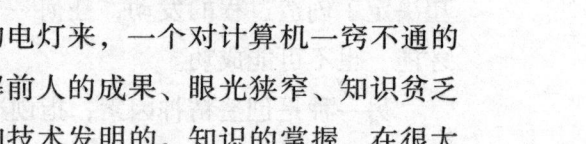

（1）知识

信息和知识是创造的基础和原材料。没有及时的、可靠的、全面的信息，不懂知识，是不会产生创造成果的。很难想象，一个对光电知识一无所知的人能发明出新型的电灯来，一个对计算机一窍不通的人能开发出新的操作系统。不了解前人的成果、眼光狭窄、知识贫乏的人是不可能做出重大科学发现和技术发明的。知识的掌握，在很大程度上决定着认识能力、解决实际问题能力的速度和质量。

在创造力构成要素中，一般知识和经验为创造提供了广泛的背景，而包括专业知识、创造学知识、特殊领域知识的专门知识，则直接影响创造力层次的高低。

（2）智能因素

智能因素包含三种能力：一是一般智能，如观察力、注意力、记忆力、操作能力，它体现了人们检索，处理以及综合运用信息，对事物做间接、概括反映的能力；二是创造性思维能力，主要指发散思维能力，如创造性的想象能力、逻辑加工能力、思维调控能力、直觉思维能力、推理能力、灵感思维及捕捉机遇的能力等，它体现出人们在进行创造性思维时的心理活动水平，是创造力的实质和核心；三是特殊智能，指在某种专业活动中表现出来的并保证某种专业活动获得高效率的能力，如音乐能力、绘画能力、体育能力等，特殊智能可视为某些一般智能专门化的发展。

(3) 非智力因素

非智力因素包含两种因素。一是创造意识因素，指对与创造有关的信息及创造活动、方法、过程本身的综合觉察与认识。也可以简单地理解为创造的欲望，包括动机、兴趣、好奇心、求知欲、探究性、主动性、对问题的敏感性等。培养创造意识，可以激发创造动机，产生创造兴趣，提高创造热情，形成创造习惯，增强创造欲望。任何创造成果都是创造意识和创造方法的结合。从某种意义上说，一个人能做出创造性成就，创造意识要比创造方法更重要，尤其在创造的初期，因为创造意识能使人们自觉地关注问题，从而发现问题。想创造的欲望决定了创造过程的发动，任何一个人如果他不想去创造，纵然再有才能，也不可能成功。

另一种是创造精神因素，指创造过程中积极的、开放的心理状态，包括怀疑精神、冒险精神、挑战精神、献身精神、使命感、责任感、事业心、自信心、热情、勇气、意志、毅力、恒心等。创造精神也可以简单地说成是创造的胆略。在创造活动中，创造精神往往是成功的关键。

研究表明，智能因素是创造活动的操作系统，非智力因素是创造活动的动力系统。非智力因素虽然不直接介入创造活动，但它以动机作用为核心对创造活动起着极其重要的作用。

3. 创造力的行为特征

创造力的行为表现有3个特征：

(1) 变通性

思维能随机应变，举一反三，不易受功能固着等心理定势的干扰，因此能产生超常的构想，提出新观念。

(2) 流畅性

反应既快又多，能够在较短的时间内表达出较多的观念。

(3) 独特性

对事物具有不寻常的独特见解。聚合思维在创造能力结构中同样具有重要作用。所谓聚合思维是指利用已有定论的原理、定律、方法，解决问题时有方向、有范围、有程序的思维方式。发散思维与聚合思维二者是统一的、相辅相成的。人们在进行创造性活动时，既需要发散思维，也需要聚合思维。任何成功的创造性都是这两种思维整合的结果。创造力与一般能力有一定的关系，研究表明，智力是创造能力发展的基本条件，智力水平过低者，不可能有很高的创造力。

另外，创造力与人格特征也有密切关系。综合多人研究的结果表明，高创造力者具有如下一些人格特征：兴趣广泛，语言流畅，具有幽默感，反应敏捷，思辨严密，善于记忆，工作效率高，从众行为少，好独立行事，自信心强，喜欢研究抽象问题，生活范围较大，社交能力强，抱负水平高，态度直率、坦白，感情开放，不拘小节，给人以浪漫印象。

也有专家认为，创造力通常包含发散性思维的几种基本能力。一

是敏锐力,即觉察事物,发现缺漏、需求、不寻常及未完成部分的能力,也就是对问题的敏感度。二是流畅力,即思索许多可能的构想和回答。形容一个人"下笔如行云流水"、"意念泉涌"、"思路流畅"、"行动敏捷"等都是流畅力高的表现。三是变通力,即以一种不同的新方法去看一个问题。四是独创力,指反应的独特性,想出别人所想不出来的观念,具有独特新颖的能力。五是精进力,在原来的构想或基本观念上再加上新观念,增加有趣的细节和组成概念群的能力。

4. 创造力的培养

创造力是指产生新思想,发现和创造新事物的能力。它是成功地完成某种创造性活动所必需的心理品质。创造力与一般能力的区别在于它的新颖性和独创性。它的主要成分是发散思维,即无定向、无约束地由已知探索未知的思维方式。

那么,该如何培养创造力呢?

(1) 富有创造力的灵感只赋予那些勤于钻研的人

灵感的出现是在解决问题而又百思不得其解时,由于受到某种因素的启发,出现"顿悟",使问题忽然迎刃而解。有人把灵感看成"天赐",其实,"天才出于勤奋"。灵感是创造力的一个要素,而灵感的出现需要有深厚的知识功底。人们运用这些知识时,其中潜伏着的智力因素便又表现出来,可以解决更为广泛的问题。譬如,一块大石头挡住去路,有的人马上想到用撬棍把大石头搬走。在另一种场合,如汽车陷入泥土里,同样想到了撬棍,甚至由此发明了新式起重机。

（2）创造力来自不懈地追求创新的欲望

没有很强的创造欲望，创造活动便不能进行。美国的电话发明家贝尔，少年时代智力表现平平，而且贪玩，但后来受到祖父的影响，唤起了强烈的求知欲，并对发明创造产生浓厚的兴趣，从而在少年时代便设计了一种比较轻快的水磨。这说明，创新的欲望与对创造的不懈追求是创造成功的重要条件。

（3）顽强的意志是发挥创造力最宝贵的品格

在任何领域里，要想获得成功，没有良好的意志品质与拼搏精神是不可能的。歌德说过："没有勇气一切都完了。"良好的意志品质不仅表现为坚持到底的顽强毅力，还表现在辨明方向、看清利弊之后的当机立断，能排除各种干扰，在挫折面前不回头，成绩面前不忘乎所以。

（4）虚心好学使创造力更丰盈

虚心好学，不断充实自己，才能超越自我的浅薄。你可根据自己设定的目标，准确地学习内容，能从所学的内容中推演出新观念，并在与别人交谈或日常生活中获得灵感和启发。

（5）不拘泥于传统的观念，敢于标新立异

创造力活动本身就是一种对原来框架的突破与发展，否则便不成其为创造。对大多数人来说，由于传统文化观念的束缚，很容易产生一种思想惰性，对他人超乎常规的想法和作法又往往多加指责。要想做出成绩，重要的是要有打破定势、标新立异的思想品格。

5. 创造力的发掘

拥有创造力即意味着放松身心，进入自己内心的这一境界之中，

运用所谓的"无穷的智慧"。这是我们每个人都拥有的天赋，它有待于你去发掘。我们每个人都是拥有才华的生命个体，因为我们都能够汲取相同的无尽之源。我们天生都被赋予了这样的厚礼。

从创造力出发时，我们拥有的是一片丰裕的土壤，不存在任何束缚。只有当我们从竞争的角度考虑时，限制和短缺才会被考虑进来。

所谓"更有创造性"是一种不恰当的说法。你本身就是一个具有创造性的个体。然而，你可以通过实践，使自己变得更加娴熟，或者更深入的理解围绕在你身边的创造能量。这种能量，是你在任何时候都可以无限汲取的。

（1）处于放松状态

用点时间，做令自己感到愉快的，能够带来欢乐的，你热爱的或能够使自己全身投入的事情。比如沉思、散步、游泳、阅读令人心情愉快的文字，或者记日记——写下你的想法（这会相当有帮助！）。

（2）拥有爱心

想一想，什么赋予你积极向上、源源不断的能量与活力，从而使你心怀感激。当感受到对生命中得到的美妙祝福与馈赠，你的心中便有了爱，你会很快感到心灵的释然，内心感到朦胧的温暖。在这感受到温暖和爱意的时刻，你的心向创造力量敞开了大门。

（3）激发你的想象力

想象力是高度视觉化的。练习在闭上双眼的情况下，想象面前看到的栩栩如生的画面，是一种很有帮助的方法。

尝试这一方法。闭上双眼，想象自己在一个场景里，任何一个场景都可以。好的，选个你认为理想的场景，尝试想象你看到的这一场景中的细节，去注意各种色彩、质地，去触摸。它们摸起来是什么感觉？你听到了什么？闻到了什么？温度感觉是怎样的？等等。

（4）专注于此刻

每一位杰出的音乐家或艺术家都会告诉你，当他们在创造伟大的音乐或艺术品的时候,他们的头脑中没有任何杂念,他们完全沉浸在此刻的创作之中,感受意识的流动。运动员们把这个称作"现场感"。你可以通过对你此刻做的任何事情(不管是在吃饭、洗碗、整理床铺,还是别的什么)倾注全部的注意力,来尝试练习仅把全部意识集中在当前时刻的能力。沉思可以起到很大帮助。

(5) 启发灵感

试着去想象打动你的美好事物。翻阅含有能够激发人思维的图片的书籍,参观美术馆,读启发人灵感的文字,与能够使你冷静的人交谈。

(6) 随便画一幅图画

这也许听起来有些可笑,但确实是发掘自身创造力的有效方法之一。画图促使你从不同的角度观察事物。

(7) 寻找替代方案

试着问自己,如何以不同的方式完成同一件事情。当你看到了一个问题的解决方案之后,再问一问自己:"有什么其他方式做这件事呢?"心理上建立起这样的一种态度,"总有另一种方法",即便其他方法看起来似乎"不可行"时,也要如此。

(8) 保持开放的心态

不要将任何你想到的点子拒之门外,不要轻易对它们作出判决。重视每一个从你的大脑里冒出来的主意,哪怕是那些看起来"愚蠢"或"显而易见"的想法。这个方法能够催生更多有创造性的想法从你的心中浮现出来。

(9) 把思考过程记录下来

用一叠活页纸或者电脑,记下思考中你的大脑里冒出的一切:随意的词语、短语、主意、想法……有时,你也许会想要把一些元素圈在一起或在它们之间画线,来将不同的主意联系在一起。当灵感闪现时,一定要跟住它。这时如果你突然想到了另一个主意,先把它简略

的记在同一张纸或另一张空白的纸上,也可以打在电脑上。有时候一开始它们还显得很蹩脚,但是一旦你进入了"思维流"里面,一篇文章就开始逐渐在你的眼前现出雏形。

6. 开发孩子创造力的方法

想帮助孩子最大程度地发展他们独特的天赋和才能,有没有一种思维方法可以让孩子终生受益?下面这些方法的奇特之处就在于,它们不仅能极大地开启孩子的创造力,而且是帮助孩子建立起灵活有效的个性化学习体系的实用方案。

(1) 不要急于回答孩子的问题

孩子的脑袋里总是藏满了问题,当他们皱着眉头,一脸急切地来问"为什么"时,我们自然的反应就是尽力给他们答案。提供答案固然可以增加孩子的知识量,但是如果孩子总在被动地接受这些彼此孤立的知识,思维能力很难得到提高。如果换一种对答方式:"为什么?""你认为呢?""你怎么想到的?""那样又会怎么样呢?"能帮助孩子探索得更多。

另外,孩子在思考这些问题时需要回想以前的经验进行推理,这能帮助他们提高独立思考的能力和学习能力。尝试一下:找到孩子感兴趣的话题,忍住告诉孩子答案的冲动,在孩子的"为什么"之后,随即把问题反问回来:"这真是个好主意,你觉得呢?"你会发现,这种启发式的反问使孩子的小脑瓜开始运转起来,他完全被他自己提出的问题所吸引,饶有兴趣地跟你讨论,甚至在讨论结束后兴致仍然高涨。这种鼓励思考的对答一般在孩子 2~3 岁时即可进行。你要做的是，根据孩子的理解水平来调整提问的深度，在愉快的对话中，指导孩子从已有的经验中得到新的主意。

（2）引导孩子"异想天开"

这个训练就是让孩子张开想象的双翼，自由翱翔。童年是充满幻想的时期。在我们看来，孩子的想象也许有些可笑和不切实际，但一旦他们可以"异想天开"，不按部就班地人云亦云，可贵的创造性思维模式就开始形成。

（3）用新眼光看平常事

如果说4是8的一半，通常人们会回答说："是。"如果接着再问："0是8的一半，对吗？"经过一段思考的时间后，大多数人才同意这一说法（8是由两个0上下相叠而成的）。这时如果再问："3是8的一半，是吗？"人们很快就会看到将8竖着分为两半，则是两个3。

摆脱固有的思维模式是创造性思维的起点。当我们学会转换思维的角度，就会更好地看到问题情境之间的关系，才能更有效地发现创造性的问题的解决之道。让孩子用新的眼光来重新认识身边一些习以为常的事物，是培养创造性思维的基础。孩子一旦习惯于这种思维过程，当再次遇到不熟悉的问题时，他就会想到用不同的思维方式来为自己遇到的新挑战、新情景或新问题找到解决方案。

（4）不断地发出疑问

创造性思维的另一个特征是对已知不断发出疑问：真的还是假的？从而寻求新的可能性。如果孩子习惯于批判性地深入思考问题，那么他们的思路就会更开阔、灵活。当孩子对问题给出了他们自己的看法后，再让他们说出并支持与之对立的观点，可以使他们意识到不同的思维模式。在下面的活动中，孩子将学会如何做。

（5）培养孩子的自信心

自信是孩子不断进步的前提。有了自信，孩子就会变得勇敢，甘愿冒险。而当你对孩子说"不"时，可能阻止了孩子很了不起的主意。这会让孩子沮丧，让他觉得自己很笨，越来越自卑。无论在任何时候，都要鼓励，赞扬孩子，避免让"不"束缚，限制住孩子的创造力。同时也要引导孩子对各种可能性的事说"是"，说"为什么不"，而不是"我不能"。然后集中精力对自己的想法进行验证。伟大的创造往往就是这样诞生的。

(6) 多进行逆向思维训练

善于创造性思维的人经常尝试用与常人相反的方式进行思考，这就是逆向思维。逆向思维能够打破条条框框，在别人认为不可能的地方和别人没有注意到的地方有所发现，有所建树。有人落水，常规的思维模式是救人离水，而司马光灵机一动，用石头把缸砸破，让水从破缸中流出，从而救起了小伙伴，就是运用了逆向思维。

逆向思维可以解脱大脑中固有模式的束缚，在你需要创造出一些你无法描绘或者无法见到的事物时，帮助你拓宽思路，充分发挥自己的创造力和想象力。

(7) 开启孩子的感知世界

孩子只有在他们自己支配和主宰的环境中，创造的火苗才能被激发出来，所以，我们要尽量提供给他们看、摸、尝试、学习及自我表现和动手操作等多种机会。这会大大开启他以前没有尝试过的想法与念头，也是提升孩子创造力的一个关键。为了给孩子提供这样的机会，我们的责任是：给孩子提供一个不受时间、空间和材料限制的，有挑战性、有吸引力的环境。所有活动的选择都要与孩子特定的年龄和发展阶段相适应。对孩子来说，最好的活动是操作性和开放性的，重要的是过程而不是结果。

7. 提高创造力的技巧

（1）凡事质疑

对任何事情都提出疑问，这是许多新事物新观念产生的开端，也是培养创造力最基本的方法之一。

第一，独立思考。在我们头脑中各种理论知识，大多是来自老师或权威，极少是我们自己独立思考的；那些老师和权威又来自何方呢？也是来自他们的老师和权威，代代相传，经过许多歪曲和谬误。如果我们以为自己的经验就完全正确，那就错了，那些来自我们自己经验的知识同样是靠不住的，因为经验也会欺骗我们。例如：一座六角形的塔，从远处看来似乎是圆形的；温度相同的两桶水，如果你的两只手的温度不同，分别放进两只桶内，你会感到水的温度不一样。因此，人类的感觉经验并不完全可靠。当我们真正发现世界上的每一样知识都不值得信赖，统统要打一个大大的问号时，我们才能使自己"净空"，并借由不断质疑而产生创新思维。佛陀就是一个能将自己净空，而能符合缘起思维的觉者。

第二，敢予否认前人。学习的过程不单单只是一个接受的过程，还要不断地创新。如果把前人的说法全盘拷贝下来，那会有什么用呢？如果对于自己所学的知识完全不加以怀疑，全盘接受，不提出疑问，那么，实际上并没有真正懂得这门知识，自然也不可能把这门知识运用到生活中。当我们能够提出疑问，提出怀疑，就说明我们对这件事情有了自己的独立思维。有位科学家曾说："提出问题比解决问题更重要。"我们首先要怀疑，才能够提出问题，也才能够发现新的观念。

第三，质疑日常习惯。我们常常会把某些习惯视为理所当然，殊不知许多偏见就是这样形成的。例如某件事情在我们生下来时就已经存在，我们自然会把它纳为生活的一部分。如果英国没有王室，难道英国人会在投票时，把设立王室列入其中吗？要避免习以为常、不加深思，并养成凡事多思考，认识自己也认识别人的习惯，需要"凡事质疑"，而创新思维的关键亦即在于此。

第四，寻找人生的答案。你是谁？你从哪里来？你来干什么？你往哪里去？答案并不重要，重要的是思考本身。你不需要准确地回答，能够思索这些问题就够了。提出人生疑问最重要。答案得自己去寻找，自己回答自己，并激励着自己。

（2）扩张思考广度

在日常生活中我们经常会发现，某些人在思维过程中范围很大，能够海阔天空地联想；而有些人则缺少思维的广度，往往只能在某个问题里绕圈子，思路总是打不开。从创新的角度来说，思维的广度是不可少的。

第一，掌握万物之间的联系。所谓思维的广度，就是指当头脑在思考一个事物、观念或者问题的过程中，能够在多大范围内联想起别的事物、观念和问题，以及联想的数量有多少。

从思维的范围方面来说，当我们确定了一个思维的对象，就要围绕着这个对象思考，包括了解这个对象和哪些因素有联系。它绝不会单独地存在着。所以我们在思维过程中，必须要破除各种思维模式，要用更宽广的角度、视野看问题，这样才能更有效达到创新思维的目标。例如说，把气象预测纳入弘法的思维范围，借由观天气，提升弘法的契机度。

第二，扩大观察范围。由于受到各种思维模式的影响，人们对于司空见惯的事情其实并不真正了解。只有当我们换一个角度，而且往往是强迫自己换一个角度来观察时，才可能发现更多奇妙的事物，也才能发觉自己原先思考的范围很狭窄。

也许有人会认为，观察和思维某一个对象，就应该全力集中在这一个对象身上，不应该扩大观察和思维的范围，以免分散注意力。而实际情况并非如此，科学研究证实，光、声、味、嗅等感觉，对于创新思维有促进的作用。人们发现，当儿童在回答创意测验题时，喜欢用眼睛扫视四周，试图找到某种线索。线索丰富的环境能够给被试者许多良好的思维刺激，使他获得较高的分数。科学家曾进行过这样一次测试，首先把一群人关进一所无光、无声的室内，使他们的感官不能充分发挥作用。然后再对他们进行创新思维的测试，结果，这些人的得分比其他人要低很多。

第三，破除思维障碍。扩展思维的广度，也就意味着思维在数量上的增加，像增加可供思维的对象，或者找出一个问题的各种答案等等。当思考的数量愈多，可供挑选的范围也就越大，其中产生好创意的可能性也就越大。例如，扩展一种事物的用途，便可产生一项新创意。比如，木鱼的最早发明是用来调节诵经时的速度，后来在唱颂佛曲时，也使用木鱼来充当乐器。

第四，强制式思维扩充。采取某种不合常规的方法，强制自己的头脑转换思维方向，也是创新思维的有效方法。例如，把打算创新的事物与某些和它并不相关的属性联结起来，然后再思索二者之间的关系，从中找出新的方向。强制式扩充思维法就是强迫自己的头脑抛开原先的思维模式，走出一条思维新路。

第五，鼓励标新立异。在日本小学美术课堂上，日本的老师教孩子们怎样画苹果，教师发现有个孩子画的是方苹果，于是就耐心询问："苹果都是圆形的，你为什么画成方形的呢？"孩子回答说："我在家里看见爸爸把苹果放在桌上，不小心，苹果滚到地上摔坏了，我想如果苹果是方形的，该多好呀！"老师赞美说："你真会动脑筋，祝你能早日培育出方苹果。"把苹果画成方形，显然脱离了实际，但那位日本老师却仍循循善诱，引导孩子说出自己的想法与创意，并给予认同，这种教育方式真令人敬佩。

扩充思维就意味着标新立异，其中难免会有幼稚和犯错。但是如果我们总是懒于尝试，自然会导致思维逐渐封闭。

(3) 扩张思考的宽度

世界知名的思维训练专家德波诺曾用"挖井"作比喻，说明了"垂直思维"和"横向思维"两种不同方法的关系。德波诺说，垂直思维是从单一的概念出发，并沿着这个概念一直前进，直到找出最佳的方案或办法。但是，万一起点选错了，以致找不到最佳方案的话，问题就麻烦了。这正像开挖一口水井，费了很大的力气，挖了很深，但仍不见出水，怎么办呢？对于大部分人来说，放弃太可惜了，于是只有继续把这口井挖得更深更大。如果更深更大之后仍不见水，人会由于已经投入了如此多的时间和精力，更加不愿意放弃，一方面感觉到越来越失望，同时也感觉到希望越来越大。这就是典型的"垂直型思维"。

而"横向思维"则要求我们，首先从各种不同的角度思索问题，然后再确定并找出最佳的解决方案。在"挖井"这个例子中，横向思维要求我们，首先要确定井的正确位置，一旦发现位置错了而不出水的时候，就应该果断放弃，另寻新址，不可贪恋那口尽管已挖了半截、但位置错误的枯井。

第一，广泛涉猎多个领域。如果只注意一个问题领域，这往往会阻碍我们发现更新鲜、更充分、更漂亮的材料，因为思维的惯性很容易使我们在一个特定的问题领域中作循环思索。这种时候，就需要跳出来，看一看其他领域，或从别的地方寻找一些材料来启发自己。

第二，结合不相关的元素。把各种不相关的元素放在一起，也是一种横向思维，如此也能获得对问题的不同创见。例如：当工作正需要某位组员处理时，你却到处找不到此人，因此你会想，如果有什么设备可以用来既给组员个人自由，而同时又使他不致离开工作岗位，这岂不一举两得。当你尽力寻求问题答案，可采用以下具体步骤：

①先列举出十种具体物体。

②依次考虑每一物体，将其分解为可描述的特性（结构、基本原理、特别的观念）。

③分别分析每一物体的每一特性，以寻求刺激的可持续进行，直到所有物体及其所有特性都经过研究为止。

④对解决方案加以研究，并选择那些最有可能解决问题的方案，再加分析。

第三，交叉孕育创意。横向思维还可以解释为，把两个或多个并列的事物交叉起来思考，再把二者的特点结合在一起，使其成为一个新事物。最便捷的办法是找某一领域的专家，并向他提出这样的问题：如果让他用其他领域的知识或技术来解决问题，他会采取怎样的方法。

第四，提高思维速度。经常进行横向思维训练能够提高思维的速度。创新思维是需要讲求效率的，在不少情况下，我们必须在限定的时间内想出对策和计划，如果超出了限定的时间，我们就有可能遭受某种损失。有的时候，某种绝妙的点子，也只能在特定的时间内施行才能取得良好的效果。超出时间范围，好点子也有可能会变得毫无价值。

第五，思维的横向与纵向。在实际的思维过程中，人们经常是交替使用"横向"和"纵向"两种思考方式的。思维速度敏捷的人，经常能表现出良好的"临场应急"的能力。这种能力在社交场合很有用处，它不但可以让我们摆脱尴尬的境地，甚至迅速反击某些人的恶意攻击。

(4) 右脑思考法

人的左脑、右脑各具有不同的功能：右脑主要负责直觉和创造力，也可称为专管形象思维，判别方位等，左脑主要负责语言和计算能力，也称为专管逻辑思维。一般认为，左脑较为人所利用，而右脑功能普遍得不到充分发挥。所以，从创新思维的角度来说，开发右脑功能的意义是十分重大的。因为右脑活跃有助于破除各种各样的思维模式，提高想像力和形象思维能力。

第一，多运用右脑。若想多用右脑，可以以下的方法训练右脑：

①经常考虑怎样对事物进行改良或改造，或进行能看得见的发明或者看不见的发明。

②多做感性方面的活动，培养趣味，如音乐、拍照等。

③确立人生的生存意义，树立个人的奋斗目标，并得到兴奋感和成功感。

④摄取对右脑有益的食物（蛋白质等），学习使用机器和器械等。

⑤智力练习和活动可直接影响右脑。这类练习和活动不同于一般的智力测验，主要在发挥想像力。例如请你回答"木头有何用处？"而你只列举木头的一般用途，显然想像力不够。

此外，开发右脑的方法还有：跳舞、美术、欣赏音乐、种植花草、手工技艺、烹调、缝纫等。既利用左脑，又运用了右脑。如每天练半小时以上的健身操，打乒乓球、羽毛球等，特别需要多让左手、左腿多活动（左脑控制身体的右侧，右脑控制身体的左侧）。

第二，左侧体操。日本人设计出一种可增强右脑功能的"左侧体操"。它的理论依据是，左右侧的活动与发展通常是不平衡的，往往右侧活动多于左侧活动，因此有必要加强左侧体操活动，以促进右脑功能。

此外，在日常生活中尽可能多使用身体的左侧，也是很重要的。身体左侧多活动，右侧大脑就会发达。右侧大脑的功能增强，人的灵感、想像力就会增加。例如在使用小刀和剪子的时候总用左手，拍照时用左眼，打电话时用左耳。

还有手指刺激法。手能使脑得到刺激发展，使它更加聪明。又说：

"儿童的智慧在手指头上。"许多人让儿童从小练弹琴、打字、珠算等,这样双手的协调运动,会把大脑皮层中相应的神经细胞活力激发起来。

第三,离题遐想。右脑思考的特点是形象和想像,因此在研究问题中需要创新思维时,应该随时进行各种类型的"离题遐想"。

选择什么样的离题遐想,要考虑解决问题所要求的特性,同时也要考虑准备冒的风险及正在使用的材料类型。美国学者将离题遐想分成了两种类型的离题。一种是"臆想性的或幻想性的离想",另一种是"例证离题"。"臆想性离题"是最不正统的一种离题方式。它对思想保守的人来说具有潜在的困难。不过它往往会产生戏剧性作用,尤其当人们原本并未抱什么希望,但它却确实激发出最具创新性的思想。

对于幻想式离题或臆想性离题而言,以下介绍并说明它的训练方法。

请每位参加者想像一幅图或讲述一个想象的故事。首先由一个人先开始,然后每位小组成员都必须为故事加上一段情节,他们可随时加塞进来。在这个过程中,所添加的情节越丰富多彩、稀奇古怪、荒诞不经、充满异国情调,故事会越精彩。如有可能,应尽量使故事有一定的连贯性,这样会有助于发挥更好地想象力。每个人尽力为故事增加一分钟的长度,至于,何时转变话题则由领导者决定。

如果故事在某一特殊情节的细节上停顿下来,领导者可以请一位成员杜撰某种让人吃惊的事件。反之,如果想象力没有得到充分的发挥,那么领导者就该让大家集中于某一剧情。他可以要求参加者讲述更加细致的情节。故事的讲述者如果使意象转移过快,就容易造成情节不充分的现象。也许人们会对在大众面前创造心智意象感到紧张,他们也可能担心自己对故事的贡献能力。然而,无论如何激发想象力是最具启发右脑能力的一种训练。

当每位成员都至少有一次机会为故事贡献情节后,领导者要请大家在大脑中将故事情节重温一番,并尽可能想出一些真正荒唐或不切实的解决办法,然后将荒谬的想法写下来。

透过离题训练,在一般情况下,人会开始期望回到真实的世界,或回到最初的问题上来,当然,是逐步回归主题的。

领导者需和大家一起来检查分析,并了解在这些荒谬的方案中,是否有任何对他们来说颇具吸引力,或奇妙古怪,或甚为有趣味的想法。领导者要请小组成员审核与选定这些荒谬办法,并尽力寻求将其转化为更切实可行和接近实际的方法。

由于"离题",头脑放松了,各种荒谬想法也出现了,所以再回过头来研究刚才遇到的现实问题,也许就能很快得到创新的答案。

第四,走进想象的世界。人往往是现实的奴隶,忙于应付现实世界的一切,而将自己的想象世界抛到九霄云外。改变你的行动或生活最有效的方法便是打开你的想象之门,它会像一台发动机一样操纵你行动,产生令你吃惊的效果。作为创造行为,它可以构成思维形象,然后对你发号施令,使你不得不去服从。经常想象自己杀人的人也许真会成为罪犯,而想象当总统的人更少也可以做一个里长吧,关键问题是你是否服从自己的想象力。

每天早晨起床前,请你张开四肢,放松全身肌肉,然后想象一下你今天要做的事,就像看电影似的。如果在你的想象中,你做了什么蠢事,那么就在想象中改正它,直到你看到你这一天做得非常出色为止。晚上睡觉前也这样做一次,首先在想象中检阅一下白天的工作与想象之中的差别有多大,再想象第二天你会做得更好。这样日复一日地练习下去,你会发现,想象力使你进步很多。

(5) 灵感思考法

很多人都有这样的经验:当面对一个难题时,即使费了很大精力,思索枯肠也没有想出解决的办法,但是当你吃饭举起筷子的一瞬间却想到了一个绝妙的主意。这就是灵感。

第一,引发自己的直觉。思维灵感与人的直觉是密不可分的,直觉是人的先天能力,也往往是创意的源泉。很多人靠直觉处理事情。任何时候,人都会有预感,只是看你信任它与否。绝大部分有创意的人都懂得直觉的重要性,他们在处理一些有矛盾的问题,经常会凭直觉下结论。看起来虽然有点神秘,但其实正是创造力经由直觉发挥作用的最佳时机。

直觉较强的人具有以下几个特点:

①相信有超感应这回事;

②曾有过事前预测到将会发生什么事的经验;

③碰到重大问题,内心会有强烈的触动;

④所做成的事都是凭感觉做的;

⑤早在别人发现问题前就觉得有问题存在;

⑥也许有心灵感应的事;

⑦曾梦到问题的解决办法;

⑧总是很幸运地完成看似不可能的事;

⑨当大家都在支持一个观念时,却依然持反对意见而又说不清楚为什么如此的人,是相信直觉能力的人。

第二,什么时候灵感容易出现?科学研究发现,人脑每分钟可接受六千万个信息,其中二千四百万个来自视觉,三百万个来自触觉,六百万个来自听、嗅、味觉。有不少发明家发现到,人在夜晚睡前或刚醒的时候灵感最多。因为在夜里,当人闭目深思,几乎完全避免了来自视觉的讯息对大脑思维活动的干扰刺激,而静卧在床上触觉讯息对思维的干扰亦降低到最低程度。这都十分有利于大脑发挥思维潜力,使人对问题的思考更易于突破。如果再加上偶然和特殊因素激发,还有可能使大脑潜力超常发挥,即可产生灵感。其次,人躺着时,由于大脑血液状况明显地得到了改善,这也为大脑活动提供了最佳的营养保证。

(6) 互动思考法

在一个创新团体中，思维互动是相当重要的。当其中一个人的头脑活跃起来并提出新想法的时候，就会对别人的头脑产生激发作用，使得大家的头脑都活跃起来。脑激荡就是一种集体创造力思考法，这是由美国企业家、发明家奥斯本首创，它也是目前在世界上被应用最广泛、最普及的集体智力激励方法。脑激荡法，原意为用脑力激荡某一问题，系指一组人员透过开会方式就某一特定问题献策，群策群力，解决问题。这种方法的特点是：克服心理障碍，思维自由奔放，打破常规，激发创造力的思维活动，获得新观念，并有创造力地解决问题。

第一，借互动以激发创意。脑激荡法何以能激发创造思维？根据奥斯本本人及研究者的看法，主要有以下几点理由：

①联想反应。联想是产生新观念的基本过程。在集体讨论问题的过程中，每提出一个新观念，都能引发他人的联想。相继提出一连串的新观念，为解决问题提供了更多的可能性。

②热情感染。在不受任何限制的情况下，人人争先恐后，竞相发言，不断地脑力激荡，力求有独到见解或新奇观念。根据心理学的原理，人类都有争强好胜的心理，在有竞争意识的情况下，人的心理活动效率可增加50%或更多。

③个人欲望。在集体讨论解决问题过程中，个人的欲望与自由不受任何干预和控制，是非常重要的。采用脑激荡法有一项原则，不得批评他人的发言，甚至不许有任何怀疑的表情、动作、神色。如此才能使每个人愿意畅所欲言，提出许多的新观念。

第二，脑激荡法的运行程序。其程序应分为：准备、热身、确认问题、讨论、做结论五个阶段。下面分别介绍：

①准备。此阶段主要是：一是选择理想的主持人，主持人应熟悉此技巧；二是由主持人和提出问题者一起详细分析所要解决的问题。此方法不宜解决包含因素过多的复杂问题，只宜解决比较单一且目标

明确的问题；三是确定参加人选，一般以五至十人为宜，且保证大多数为精通该问题或具有某一方面专长的人，凡可能涉及的领域，都要有擅长的人参加。此外，还要有两位外行人参加；四是提前数天先将待讨论问题通知与会者，内容包括：日期、地点、要解决的问题及相关事宜。

②热身。此阶段的目的是要使与会人员进入"角色"并造成激励气氛。通常只需几分钟即可，具体做法是提出一个与会上所要讨论的问题毫无关系的问题。

③确认问题。这个阶段的目的是透过对问题的分析陈述，使与会者全面了解问题，开阔思路，包括以下三个方面：一是介绍问题，主持人简明扼要地向与会者介绍所要解决的问题；二是重新叙述问题，即改变对问题的表述方式，对每一种表述方式都要用"怎样…"询问的句子来表达，切不可急于提出想法，要鼓励与会者提出尽可能多的意见；三是将提出的各种重新叙述的问题，按顺序排列，凡是启发性强，最可能解决问题的叙述要排在前面。

④讨论。这是与会者克服心理障碍，让思维自由驰骋，借助团体的知识互补，讯息刺激和情绪鼓励，透过联想提出大量创造力假设的阶段。这也是此法的重点阶段，当此阶段结束时，由主持人宣布散会。同时，要求与会者会后继续思考，以便在第二天补充个人所想到的方法。

⑤做结论。由于会上提出的设想大部分都未经仔细考虑和评估，有待整理以后，才能有实用价值。此阶段包括以下三个步骤，一是增加设想。在讨论后的第二天由主持人或秘书以电话拜访的方式收集与会人员会后产生的新想法。二是评估。评估最好先拟定一些指标，如：是否简单？是否恰当？是否可被采纳？是否可以实现？是否成本较低？等等。根据这些指标来评选出若干最好的设想。

8. 培养创造力应注意的问题

创造力是能够创造出具有社会价值的新理论或新事物的各种心理特点的综合，是智力发展的高级表现形式。创造力在发展水平和层次上是有所不同的。一种情况是创造出的理论、作品等是前所未有的，这样的创造被称为"真创造"。另一种情况是创造出的成品在人类历史上并非首创，只是就创作者个人而言是新的东西，这样的创造被称为"类创造"。从类创造的角度说，创造力不是少数天才和专家才有的，而是每一个普通人都可能有的。

不管是真创造还是类创造，对人类都很重要，因此我们必须重视创造力的培养。培养创造力，必须注意以下几点：

（1）保护好奇心，激发求知欲

好奇心、求知欲、自信心和创造力的发展紧密相关，相互制约。因此我们必须保持和发展好奇心、求知欲和自信心。

（2）交替训练发散性思维和集中性思维

发散性思维是一种不依常规，寻求变异，从多方面寻求答案的思维形式。像作文"一文多写"，解题时"一题多解"，都是离不开发散性思维的。集中性思维与发散性思维正相反，它是在思维过程中依据一定的标准，在多种假设或方案中选择最理想的假设或方案的思维。创造力与发散性思维和集中性思维有密切联系。有人认为创造力是一种以发散性思维为中心，以集中性思维为支持性因素的两种思维有机结合的能力。例如，有创造力的人既能对复杂问题的解决提出尽可能的方案，又能对每一方案一一进行论证或试验，找出最优方案。这一过程的前半部分，主要是发散性思维，后半部则主要是集中性思维。在我们的学习、生活、工作中要注意以上两种思维的训练。

（3）鼓励直觉思维并和分析思维相结合

直觉思维是一种不经过严密逻辑分析步骤，没有意识到明显的思维过程而突然作出新判断，产生新观念的思维。直觉思维实际上是一种近乎猜想、假设、一时还得不到证明的思维，有时这些猜想是错误的，有时则接近于灵感的产生。直觉思维的升华便是"顿悟""灵感"的到来。直觉思维在人的创造性活动中占有重要地位。如果没有直觉思维做先导，很难提出假设并取得突破。在学习活动中也常有这种思维，如猜测题意、作应急性的回答、即兴演讲比赛、即兴提出各种性问题大胆。当然，在创造活动中，也离不开分析思维。要形成创造力，也必须进行上述两种思维的训练，并要把两者有机结合起来。

（4）向具有创造性的人学习

我们可以通过接触，访问科学家、革新家、作家、探险家、思想家等，学习他们的创造思路和过程，使我们得到启发。

（5）积极参加创造性活动

创造力也和其他一般能力一样，是在实践活动中锻炼出来的。就学生来说，参加各种科技小组、文艺小组、课外阅读兴趣小组、种植畜牧小组等，这些活动对启发学生的创造性，培养学生的创造力有重要意义。

（6）发展想象力

想象力和创造力有密切关系，它是人类创造活动所不可缺少的心理因素。不管是科学家的创造，艺术家的创造还是理论家的创见，都离不开"精骛八极，心游万仞"的想象力。所以必须注意培养，发展自己的想象力。

希望我们每一个人都努力培养自己的创造力,力争在你的一生中形成真创造,起码是产生许多的类创造。

9. 阻碍创造力习惯的改变

在我们每个人的生活中,我们都可能会遇到这样的情况,在发现问题或解决问题时,可能出现突如其来的新想法、新观念。这种想法有时稍纵即逝,像灵感一样;如果能及时捕捉,进行思维加工与实践检验,善加利用,可能获得有价值的创造力。创造力的关键,是如何用有关的、可信的方式,与在此以前无关的事物之间建立一种新的、有意义的关系,这种新的关系可以把事物用某种独创、清新的见解表现出来。

事实上,每个人都可能成为有创造力的人,就看你如何发掘自己的创造力。我们如果发现自己缺乏创造力,可以参照下列的思维障碍标准,检查自己的不足之处。

(1) 从众思维

思维枷锁的最大的障碍就是"从众"。"从众"就是指服从众人,顺从大众。别人怎样做,我也怎样做;别人怎样想,我也怎样想。

思维上的"从众模式",使得人有一种归宿感和安全感,能够消除孤单和恐惧等害怕心理,并认为这是比较保险的处世态度。如果跟随着众人,如果说的对,做得好,那自然会分得一杯羹,即使说错了,做得不好也不要紧,因为无须自己一人承担责任。所以,许多人都愿意跟着大家走。

（2）权威思维

人是教育的产物。来自教育的权威使人们逐渐习惯以权威的是非为是非，对权威的言论不加思考地盲信盲从，其结果正如我们传统的"听话教育"那样：在家听父母的话，在学校听老师的话，在职场听主管的话。而惟独缺少自我思考、冲破权威、勇于创新的能力。

在多数情况下，人们按照专家的意见办事，总能得到预想中的成功；如果不慎违反了专家的意见，则会招致或大或小的失败。久而久之，人们便习惯了以专家的是非为是非，贯以为"专家不可能出错"。于是，在一般人的思维模式当中，专家就形成了权威。

（3）依循思维

我们生活在一个充满经验的世界里。从幼儿长到成年，我们看到的、听到的、感受到的、亲身经历的各种各样的现象和事件，它们都进入我们的头脑构成了丰富的经验。在一般情况下，经验是我们处理日常问题的好帮手。只要具有某一方面的经验，那么在应付这一方面的问题时，就能得心应手。

经验与创新思维之间的关系，是个复杂的问题。一方面，随着时间的推移，我们的经验具有不断增长、不断更新的特点，因而有可能使我们看到经验本身的有限性，经过经验之间的比较而发现其不足性，进而开阔眼界，增强见识，使我们的创新思维能力得以提高。所以，经验本身有时就意味着创新。然而经验也可能是相对稳定性的东西，因而可能导致人们对经验的过分依赖乃至崇拜，而形成固定的思维模式，结果就会削弱想象力，阻碍创新思维的能力。

其次，经验具有主体狭隘性。每一个思维主体，不管经验多么丰富，总是有限的，没有经历过的事情总还是无穷多。所以，当他面临自己从没遇到过的事物或者问题的时候，难免会手足无措。如果单凭已有的经验去推断，其结果往往大多是错误的。

(4) 书呆子思维

书本是一种系统化、理论化的知识，也是人类经验和体认的结晶。但是，尽信书不如无书，因为书本知识与现实之间存在着一段距离，二者并不全然吻合。

一般情况下，一个人所受的正规教育越多，其专业知识也就越丰富。但是，从创新思维的角度来说，他的思维受到束缚的可能就越大。为了改善这个问题，防止"书呆子思维模式"的形成，可以采用多种方法自我训练，例如：如实思维法（缘起法），运用禅修来训练直观、如实观；辩证思维法，像苏格拉底，"知道自己的无知"，采用双方辩论，来研究知识的相对性以及知识与现实的差距。

(5) 自我中心思维

世界上的每一个人都有自己独特的经历、经验、个性，以及许许多多独特的价值观念。在日常思维活动中，人们往往会自觉或不自觉地按照自己的观念，站在自己的立场，用自己的目光去思考别人乃至整个世界，因此产生了以自我为中心型的思维模式。

然而，如果每个人都只站在自己的角度来看周围的人，那么他将无法与别人进行有效的沟通，因为所谓沟通应该是双向的，而单向的讯息传达经常会出现各种各样的误解。不过，我们应该用自己感到合适的标准来要求自己，却不应该用这种标准去要求别人。因为这种标准在你看来很合适，但是在别人看来并不一定如此。

(6) 唯一的标准答案

有一位美国学者说，一个普通读完大学的学生，需经过许许多多的测试、测验和考试，于是所谓"标准答案"的认知在他们的思想中变得根深蒂固。可是在缘起的世界里，生活充满了种种可能性，问题可以有许多的答案，人生的道路也不只一条。所以当你以为答案只有一个时，创新就会遇到阻力。

10. 创造力测试

这是一份帮助你了解自己创造力的练习。在下列句子中,如果你发现某些句子所描述的情形很适合你,则请在答案纸上"完全符合"的选项内打勾;若有些句子只是在部分时候适合你,则在"部分适合"的选项内打勾;如果有些句子对你来说,根本是不可能地,则在"完全不合"的选项内打勾。

注意:

(1) 每一题都要做,不要花太多时间去想。

(2) 所有题目都没有"正确答案",凭你读完每一句后的第一印象选择。

(3) 虽然没有时间限制,但尽可能地争取以较快的速度完成,愈快愈好。

(4) 切记:凭你自己的真实感觉作答。

(5) 每一题只能有一个选择。

选项:完全符合、部分符合、完全不符

题目:

(1) 在学校里,我喜欢试着对事情或问题做猜测,即使不一定都猜对也无所谓。

(2) 我喜欢仔细观察我没有见过的东西,以了解详细的情形。

(3) 我喜欢变化多端和富有想象力的故事。

(4) 画图时我喜欢临摹别人的作品。

(5) 我喜欢利用旧报纸、旧日历及旧罐头等废物来做成各种好玩的东西。

(6) 我喜欢幻想一些我想知道或想做的事。

(7) 如果事情不能一次完成，我会继续尝试，直到成功为止。

(8) 做功课时我喜欢参考各种不同的资料，以便得到多方面的了解。

(9) 我喜欢用相同的方法做事情，不喜欢去找其他新的方法。

(10) 我喜欢探究事情的真假。

(11) 我喜欢做许多新鲜的事。

(12) 我不喜欢交新朋友。

(13) 我喜欢想一些不会在我身上发生过的事。

(14) 我喜欢想象有一天能成为艺术家、音乐家或诗人。

(15) 我会因为一些令人兴奋的念头而忘记了其他的事。

(16) 我宁愿生活在太空站，也不喜欢住在地球上。

(17) 我认为所有的问题都有固定答案。

(18) 我喜欢与众不同的事情。

(19) 我常想要知道别人正在想什么。

(20) 我喜欢故事或电视节目所描写的事。

(21) 我喜欢和朋友在一起，和他们分享我的想法。

(22) 如果一本故事书的最后一页被撕掉了，我就自己编造一个故事，把结果补上去。

(23) 我长大后，想做一些别人从没想过的事情。

(24) 尝试新的游戏和活动，是一件有趣的事。

(25) 我不喜欢太多的规则限制。

(26) 我喜欢解决问题，即使没有正确的答案也没关系。

(27) 有许多事情我都很想亲自去尝试。

(28) 我喜欢唱没有人知道的新歌。

(29) 我不喜欢在班上同学面前发表意见。

(30) 当我读小说或看电视时,我喜欢把自己想成故事中的人物。

(31) 我喜欢幻想200年前人类生活的情形。

(32) 我常想自己编一首新歌。

(33) 我喜欢翻箱倒柜,看看有些什么东西在里面。

(34) 画图时,我很喜欢改变各种东西的颜色和形状。

(35) 我不敢确定我对事情的看法都是对的。

(36) 对于一件事情先猜猜看,然后再看是不是猜对了,这种方法很有趣。

(37) 玩猜谜之类的游戏很有趣,因为我想知道结果如何。

(38) 我对机器感兴趣,也很想知道它里面是什么样子,以及它是怎样转动的。

(39) 我喜欢可以拆开来的玩具。

(40) 我喜欢想一些新点子,即使用不着也无所谓。

(41) 一篇好的文章应该包含许多不同的意见或观点。

(42) 为将来可能发生的问题找答案,是一件令人兴奋的事。

(43) 我喜欢尝试新的事情,目的只是为了想知道会有什么结果。

(44) 玩游戏时,我通常是有兴趣参加,而不在乎输赢。

(45) 我喜欢想一些别人常常谈过的事情。

(46) 当我看到一张陌生人的照片时,我喜欢去猜测他是怎么样一个人。

(47) 我喜欢翻阅书籍及杂志,但只想知道它的内容是什么。

(48) 我不喜欢探寻事情发生的各种原因。

(49) 我喜欢问一些别人没有想到的问题。

(50) 无论在家里或在学校,我总是喜欢做许多有趣的事。

评分方法

本量表共50题,包括冒险性、好奇性、想象力、挑战性四项;测验后可得四种分数,加上总分,可得五项分数。

冒险性：包括（1）、（5）、（21）、（24）、（25）、（28）、（29）、（35）、（36）、（43）、（44）等11道题。其中（29）、（35）为反面题目，得分顺序分别为：

正面题目：完全符合*3*分，部分符和*2*分，完全不符和*1*分；

反面题目：完全符合*1*分，部分符合*2*分，完全不符合*3*分。

好奇性：包含（2）、（8）、（11）、（12）、（19）、（27）、（32）、（34）、（37）、（38）、（39）、（47）、（48）、（49）等14道题。其中（12）、（48）为反面题，其余为正面题目。计分方法同冒险部分。

想象力：包含（6）、（13）、（14）、（16）、（20）、（22）、（23）、（30）、（31）、（32）、（40）、（45）、（46）等13道题。其中（45）题为反面题，其余为正面题。计分方法同冒险部分。

挑战性：包含（3）、（4）、（7）、（9）、（10）、（15）、（17）、（18）、（26）、（41）、（42）、（50）等12道题，其中（4）、（9）、（17）为反面题，其余为正面题。计分方法同前述。

看看你的各项得分和综合分是多少？

1. 曹冲 6 岁称象

曹冲，三国时魏国人，曹操的儿子，公元 208 年，因病夭折，年仅 13 岁。自幼聪慧异常，善于动脑。

曹冲 6 岁那年，东吴孙权送给曹操一头大象，曹操很高兴。大象运到的那天，曹操带领文武百官前去观看，曹冲也在其中。

大象是南方的一种动物，北方人很少见到，都感到新奇。

曹操看到这个庞然大物，很想知道它究竟有多重，就问身边的文武官员："你们说，用什么办法可以称出大象的重量？"

刚才还振振有词的众官员，一下子变得哑口无言了，四周一片寂静，都感到象的体积太大了，想不出办法来。过了好一会儿，一个文官说："做一杆大秤，用房梁那么粗的大树当秤杆，或许能称出大象的重量来。"于是人们纷纷议论说："这个方法不行，有了大秤也不行，谁有那么大的力气把秤杆连大象一起抬起来呢？"这时，曹操帐下的猛将许褚走上前来，大吼道："有办法了，我把大象用刀砍了，一块一块地称，不就知道象的重量了吗？"许褚的话一说完，大家"轰"地一声笑了，有人挖苦说："你这个办法很高明，但是这头珍贵的大象却不见了。"显然人们都不同意他这个办法。

曹冲一言不发默默地站在一旁，紧锁双眉，认真地思索着称象的办法。突然，他走到曹操面前，胸有成竹地道："父亲，孩儿想出办法来了，能称出大象的重量。"

曹操见是自己的儿子曹冲，笑着说："冲儿，大人都想不出办法，你有什么好办法，快说说看。"

曹冲叫人把大象牵到河边，对着一条大船说："我们可以把象牵到这条大船上，船一定会下沉，等船稳定下来，让人在船舷边用刀子在齐水面的地方刻上记号。然后，牵下大象，再往船里装石头，等装的石头重量达到吃水的记号时，再称出船里石头的重量，不就是大象的重量吗？"

人们照曹冲的方法，很快称出了大象的重量，曹操异常高兴，称赞曹冲说："冲儿的办法好极了！"在场的官员们无不投来敬佩的目光，夸奖他有超人的智慧。

曹冲不仅聪明，而且心地善良。一天，他跑到马厩来看马。平时常把他放在马背上玩的马倌正低着头伤心地哭。曹冲不知道出了什么事，就忙上前问道："你怎么了，哭什么呢？"

马倌惊惧地说："可恶的老鼠把丞相的马鞍咬坏了。"

曹冲一听，大吃一惊。他知道父亲制定的制度非常严格，对损坏武器装备和马匹的人都要处以严厉的惩罚，甚至被处死。今天损坏的不是别的，而是他自己那副华丽无比、五光十色的锦绣马鞍，看来马倌的性命有危险了。

曹冲很可怜这个马倌，知道他尽到了责任，他为了保管好这副马鞍，把它高高挂在军器库的柱子上，可还是被老鼠咬了，这怎能光怨他呢？"别怕，我去见父亲，听到我的咳嗽声，你再进去禀报马鞍被咬的事。"说完，曹冲回到自己的房间，用剪刀在自己的衣服上捅了几个小洞，然后走到曹操跟前，哭丧着脸说："父亲，我向您谢罪来了。"

"冲儿，你一个小孩子家，何罪之有？"曹操不解地问。

"您给我的好衣服，被老鼠咬了好多洞，您惩罚孩儿吧！

曹操一听哈哈大笑起来："是老鼠咬的，怎能怨人呢？"

曹冲咳嗽了两声，跪下说："谢谢父亲。"

正在这时，马倌抱着马鞍走进来，跪在曹操面前，一五一十地把马鞍被老鼠咬破的事说了一遍。

机灵的曹冲适时重复着刚才父亲那句话:"是老鼠咬的,怎能怨人呢?"

曹操听说自己心爱的马鞍被老鼠咬了,心疼极了,但又一想,这不跟冲儿的衣服一样吗,是老鼠咬的,光怨人有何用。于是,笑着说:"快起来,治什么罪啊,回去吧。"随即派人去灭鼠。

马倌得救了,他从心里感激曹冲,更佩服他的机智。

公元208年,年仅13岁的曹冲不幸因病夭折了,但他的故事却永远在民间广泛流传着。

2. 祖冲之5岁决心解开圆周之谜

祖冲之(429~500),中国南北朝时的科学家。他计算出的圆周率数值在3.1415926和3.1415927之间,是当时全世界最精确的圆周率数值。他童年不爱读书,喜欢数学和天文。

公元429年,祖冲之出生在范阳(今河北涞水)。祖父祖昌是当朝的大匠卿,主管建筑工程,并且对天文历法及数学有一定的研究。

祖父经常给祖冲之讲一些科学家的故事,其中张衡发明地动仪的故事深深打动了祖冲之幼小的心灵。

祖冲之常随祖父去建筑工地,晚上,在那里他常同农村小孩们一起乘凉、玩耍。

天上星星闪烁,在祖冲之看来,这些星星很杂乱地散布着,而农村孩子们却能叫出星星的名称,如牛郎、织女以及北斗星等。此时,祖冲之觉得自己实在知道得很少。

祖冲之不喜欢读古书。5岁时,父亲教他学《论语》,两个月他也只能背诵十几句，气得父亲又打又骂。可是他喜欢数学和天文。

一天晚上，祖冲之躺在床上想白天老师说的"圆周是直径的3倍"这话似乎不对。第二天早，他就拿了一段妈妈绱鞋子的绳子，跑到村头的路旁，等待过往的车辆。一会儿，来了一辆马车，祖冲之叫住马车，对驾车的老人说："让我用绳子量量您的车轮，行吗？"老人点点头。祖冲之用绳子把车轮量了一下，又把绳子折成同样大小的3段，再去量车轮的直径。量来量去，他总觉得车轮的直径没有1/3的圆周长。祖冲之站在路旁，一连量了好几辆马车车轮的直径和周长，得出的结论是一样的。

这究竟是为什么？这个问题一直在他的脑海里萦绕，他决心要解开这个谜。

经过多年的努力学习，祖冲之研究了刘徽的"割圆术"。所谓"割圆术"就是在圆内画个正6边形，其边长正好等于半径，再分12边形，用勾股定理求出每边的长，然后再分24、48边形，一直分下去，所得多边形各边长之和就是圆的周长。

祖冲之非常佩服刘徽这个科学方法，但刘徽的圆周率只得到96边，得出3.14的结果后就没有再算下去。祖冲之决心按刘徽开创的路子继续走下去，一步一步地计算出192边形、384边形……以求得更精确的结果。

当时，数字运算还没利用纸、笔和数码进行演算，而是通过纵横相间地罗列小竹棍，然后按类似珠算的方法进行计算。

祖冲之在房间地板上画了个直径为1丈的大圆，又在里边做了个正6边形，然后摆开他自己做的许多小木棍开始计算起来。

此时，祖冲之的儿子祖暅已13岁了，他也帮着父亲一起工作，两人废寝忘食地计算了十几天才算到96边，结果比刘徽的少0.000002丈。

祖晅对父亲说："我们计算得很仔细，一定没错，可能是刘徽错了。"

祖冲之却摇摇头说："要推翻他一定要有科学根据。"

于是，父子俩又花了十几天的时间重新计算了一遍，证明刘徽是对的。

祖冲之为避免再出误差，以后每一步都至少重复计算两遍，直到结果完全相同才罢休。

祖冲之从 *12288* 边形，算到 *24567* 边形，两者相差仅 *0.0000001*。祖冲之知道从理论上讲，还可以继续算下去，但实际上无法计算了，只好就此停止，从而得出圆周率必然大于 *3.1415926*，而小于 *3.1415927*。

很多朋友知道了祖冲之计算的成绩，纷纷登门向他求教。之后，祖冲之又进一步得出圆周率的密率是 *355/113*，约率是 *22/7*。直到 *1000* 多年后，德国数学家鄂图才得出相同的结果。

3. 数学天才华罗庚

华罗庚（*1910～1985*），江苏金坛人，著名数学家。*1930* 年发表震惊世界数学界的数学论文《苏家驹之代数的五次方程式解法不能成立之理由》。*1950* 年任清华大学教授等职。

在江苏金坛县城的清河桥下，有一家小杂货铺，铺主华老强是个老实厚道的商贩。*1910* 年 *11* 月 *12* 日，华老强刚刚从外面收购蚕茧回来，接生婆便跑来道喜："恭喜你啊，喜得贵子！"并把白胖胖的儿子抱到他面前。

华老强乐呵呵地说："你这小家伙还真来了，你爸昨天晚上还梦着你呢!"说着,接过儿子放进箩筐,又把另一个箩筐反扣在上面,自言自语上也说:"进箩避邪,同庚同岁,给你取个吉利的名字,就叫罗庚吧。"

装在这破烂不堪的箩筐里的孩子,就是驰名中外的数学家华罗庚。

转眼,华罗庚已是初中二年级的学生了。一天,数学老师跟同学们说:"今天,我给大家出一道难题,看谁先解出来。"同学们都睁大眼睛,竖起耳朵。"今有物不知其数,三三数之剩二,五五数之剩三,七七数之剩二,问物几何?"老师摇头晃脑地将难题念出。

"老师,这数是23。"华罗庚马上站起来回答。

老师惊奇地问:"你知道韩信点兵吗?"

"不知道。"华罗庚老实回答。

老师给大家解释说:"这是我国古代数学的一个问题,外国教科书上把它命名为'中国剩余定理'也叫'孙子定理'。"同学们一个个听得入了神,老师讲完后,又把目光落在华罗庚的身上。

"华罗庚,你能跟大家讲讲,你是怎样算出来的吗?"

"一个数,3除余2,7除余2,那一定是21加2,21加2就等于23,刚好5除余3。"

听了华罗庚的解释,老师点了点头,用赞许的目光看着他。

"不错,分析得有道理,大家听懂了吗?"

同学们都点头。

下课了,大家议论纷纷,"想不到罗庚还破了难题。""看他平时成绩也不怎么样嘛!"

华罗庚沉默不语,只有他自己知道,为了学好每门功课,他会忘记吃饭、睡觉,那是付出了辛勤劳动的结果。

4. 从风水书上认字的苏步青

苏步青,生于1902年,浙江平阳人,著名数学家、教育家。中国科学院院士,曾在浙江大学、复旦大学任职,发表学术论文150余篇、专著7部。

1902年9月23日,在浙江平阳卧牛山的一户普通农民家庭,诞生了我国著名的数学家、教育家苏步青。

精通文墨的父亲,借助"平步青云"这个成语,给儿子取了个含义深刻的名字,这其中饱含了父亲对儿子前途的希望。

父亲是风水先生,每天总要读一点书,这激发了童年苏步青认字的兴趣。

不知多少个日日夜夜,在一盏菜油灯下,父子俩一个背诵阴阳八卦,一个好奇地认书上的字。父亲嘴里念念有词,儿子却把兴趣放在字上,从来对书上的内容不感兴趣。他常常蘸着水,在桌上写着风水书上的山、田、土、水等字,边写边认。他一字不落地往下记,不认识的立刻问父亲。父亲对儿子则是有问必答,从不嫌烦。

冬去春来,岁月轮回,不知不觉中,一本风水书被这个孩子读完了。他的识字数量也达到了足可以粗读一般书籍的程度。

苏步青见字就问、认识了就写的行为引起了父亲的注意,他意识到儿子是个读书的材料。于是,就把苏步青送到他伯父的私塾馆念书。

父亲因家中贫穷,交不起学费,就请求让苏步青免费来跟伯父读书。伯父同意了,条件是苏步青要替他烧饭。就这样,7岁的苏步青进了伯父的私塾馆。在伯父的严格管束下,苏步青认识了不少字。后来,伯父家也撑不下去了,便外出谋生,苏步青也因此回家当起了放牛娃。

苏步青整日和小朋友们在牛背上玩闹，引起了父母的不安。他们既担心儿子不知深浅地打闹会造成意外受伤，更担心长此下去，孩子必定会成为一个不思进取的农民。

望子成龙的父亲决定节衣缩食，送儿子继续读书。此时，苏步青已经到念高小的年龄。高等小学只有县城才有，于是他们横下一条心，把儿子送到离家很远的高等小学上学。当父母把这个决定告诉苏步青时，他高兴得跳了起来。

来县城上高小的学生，多数是有钱人家的孩子。苏步青一进教室，就成了富家子弟嘲笑的对象。他们嫌苏步青的蚊帐破旧，说他不配住在这里，给宿舍丢脸，要求苏步青搬离宿舍。苏步青据理力争，说这是学校让他住的。最后，他们与管楼的先生串通起来，把苏步青赶出了学生宿舍。受尽屈辱的苏步青无处可去，只好在二楼的楼梯口搭起了临时床铺，挂上那顶破旧的蚊帐，儿时的苏步青就这样含泪孤独地睡着了。

不久，学校来了一位新老师。他把地理课讲得生动有趣，一下子把孩子们的注意力吸引到地理上来，特别是苏步青，对地理入了迷。地理老师看到苏步青聪明，记忆力好，就很关心他，还给苏步青讲牛顿的故事来激励他。苏步青从牛顿的故事中悟出了这样的道理：只要有骨气，肯学习，就一定能获得好成绩。

小学毕业后，他以优异的成绩考上了浙江省第十中学。当时第十中学是浙江东南部的最高学府，也是全省重点中学之一。读中学三年级时，当时的校长兼任几何课的教学，他为学生们出了一道题：证明三角形的一个外角等于不相邻的两个内角之和。绝大多数学生仅用一种方法证明，个别学生用两种或三种方法，而苏步青却用了 24 种方法进行了合理的证明。

功夫不负有心人，1919 年，仅 17 岁的苏步青只身一人赴日本留学。随后,经过十几年的刻苦奋斗,1931年,他如愿获得了日本东北帝国大学理学博士学位。

这个乡村走出来的孩子苏步青,通过一系列的数学创造,为祖国获得了巨大的荣誉,也为数学的发展和中国的教育事业作出了巨大的贡献,在世界上也有一定声望。

5. 童年惶恐的陈景润

陈景润,1933年出生,福建福州人,我国著名数学家。1973年发表关于(1+2)简化证明论文。这篇论文轰动了世界数学界,离数学皇冠"哥德巴赫猜想"仅一步之遥。

20世纪30年代初期,国民党的大权被蒋介石窃取,全国上下邪恶势力放肆嚣张,恶霸地主、土匪一个个逍遥放荡,吃喝玩乐。人们生活在水深火热之中,衣不遮体、忍饥挨饿地过日子。

1933年5月22日,陈景润就出生在同样灾难深重的福建省福州市的闽侯镇,他的父亲陈元俊是一个邮电局的小职员,父亲想让儿子过得比自己好一些,于是为儿子取名景润。陈元俊又添了儿子,他的同事们都围着他贺喜,而他却只有满腹惆怅。

小景润在饥饿中一天天长大了,5岁时的陈景润已懂事了,父亲也由邮电局的小职员升为一个邮电分局的局长,全家搬迁到三明市居住。可是,由于家里又增添了几个孩子,所以还是吃了上顿缺下顿。平时,妈妈害怕陈景润在外出事,很少让他到外面去玩。有一天,外面的猴戏耍得热闹极了,小景润忍不住闹着出去看。"妈妈,我想去看一下猴戏,好吗?"小景润央求道。妈妈看着小景润企盼的眼神,有些无奈和担心,便说:"外面太乱,会出事的。"可小景润一再缠着

妈妈，妈妈只好同意。不一会儿，小景润就哭着回来说："妈妈，我怕，外面警察在抓人！"妈妈紧紧搂住被吓得浑身发抖的儿子，眼泪盈满眼眶。

陈景润在这种令人心惊胆战、惶恐动荡的年月里度过了他的童年。他的那种沉静、孤僻的性格就是在这样的环境中形成的。

转眼，陈景润已经7岁了，到了上学的年龄，父母给他找了一所离家近的小学，送他去读书。在所有的学科中，他对数学特别喜欢。只要遨游在代数、几何、三角的解题过程中，他就能够忘却所有肉体和精神上的痛苦。

陈景润平时少言寡语，但非常勤学好问。为了深入探求知识，他主动向老师请教问题或借阅参考书。为了不影响老师的正常工作时间，他总利用下课、老师散步或放学的路上，跟老师一边走，一边请教数学问题。

他自己说："只要是谈论数学，我就滔滔不绝，不再沉默寡言了。"

一个初春的中午，最后一节课的下课铃响了，学生们拥挤着走出教室，回家吃饭。陈景润不紧不慢，走在最后。他从书包里拿出来一本刚从老师那儿借来的教学书，边走边看。他眼睛紧盯在书本上，一会儿也舍不得离开，书上的内容像电影一样一幕幕地闪现，别的什么也顾不上想了。他那神态，就像一个饥饿的人扑到面包上，大口大口地吞吃着。他只顾专心致志地看着书，有意识地沿着那熟悉的道路往家走，脚底下慢慢偏离了方向，不知不觉朝着路边的小树走去。只听"哎哟"一声，他撞到了树上。陈景润推推眼镜，看都没看对方是谁，便连说了好几声"对不起"。可是，对方却没有动静。他以为人家被撞疼了，生了气，抬头仔细一看，原来是棵树。"哎，怎么走到这里来了。"他自言自语地说道。然后，他又捧着书本往前走去。这一幕，被几个班里的调皮鬼看在了眼里。从此，陈景润又多了一则惹人取笑的笑料。

抗日战争爆发初期,陈景润刚刚升入初中,江苏省一所大学也从沦陷区迁到这偏僻的山区来了,大学的教授和讲师也来初中教课。其中有一位数学老师,使陈景润的人生之路发生了根本的改变。这位老师就是曾经任清华大学航空系主任的沈元老师,由于抗战爆发,逃难到福建,靠教书养家糊口。解放后,他就任北京航空学院院长,中国航空学会的理事长。就是这位空界的泰斗,以他渊博精深的知识、诲人不倦的精神,深深的影响着陈景润。

有一次,沈元老师向学生讲了个数学难题,叫"哥德巴赫猜想",教室里像开了锅的水,学生们叽叽喳喳地议论起来了。他最后又说了一句话:"自然科学的皇后是数学,数学的皇冠是数论,而哥德巴赫猜想则是皇冠上的一颗明珠!"

陈景润听了这句话,不禁为之一震,"'哥德巴赫猜想''数学皇冠上的明珠',我能摘下这颗明珠吗?"这个问题在他的脑海里萦绕着,因为他是内向的人,所以,他的想法只在心里,却一点不外露。

无论何时何地,只要一进入数学王国,陈景润的一切痛苦此时都被抛到九霄云外,他靠着坚强的毅力和对科学的奉献精神获得了成功!

1973年2月,陈景润的关于(1+2)简化证明的论文终于公开发表了!"陈氏定理",立即轰动了世界数学界,专家们给了他极高的评价。

6. 希帕蒂娅10岁迷上数学

希帕蒂娅(约370~约415),杰出的女数学家。她协助父亲完成了对欧几里得《几何原本》的评注和修订。

希帕蒂娅是个聪明漂亮的女孩，在她10岁那年的一个清晨，东方的天空刚刚出现一抹红霞，希帕蒂娅和她的父亲塞翁已经在博学园的林间草地练功了。这是几年来养成的习惯。

红日喷薄而出，顿时洒来一股热浪。塞翁和满头是汗的女儿开心地笑着，他们开始在草坪上悠闲的漫步。

"小希帕蒂娅，你看看咱们的影子。"塞翁指着面前的草地。

"一长一短，一胖一瘦，爸爸的像只大熊，我的像个小猴。"希帕蒂娅笑着答道。接着，她眨着美丽的眼睛，问道："我们的影子不就是物体挡着太阳光形成的吗？它有什么用处吗？"

"问得好，希帕蒂娅。我想四旬斋节时，带你去古埃及法老齐阿普斯的金字塔旅行。到时候影子能帮我们测量金字塔的高度呢。这两天，你动动脑筋想个测量的办法，好吗？"

"我试试看，爸爸！"

街上的吵闹声不时飘进希帕蒂娅的房间，她却像个聋子一样坐在桌前纹丝不动，对一切都无动于衷。原来，她正对着上午画好的几何图形思考着测量金字塔的方案。

太阳偏西，院子里响起了铃声。这是提醒希帕蒂娅该下楼练习骑马的信号。骑马可不比练习体操，这要求骑手有胆量、有耐力、有机智。两个月前，塞翁决定让女儿开始这项运动。一听到铃声，她便飞似地冲下楼梯。父亲已经牵着两匹马在门口等她了。其中小的那匹叫"旋风"，是专门给希帕蒂娅骑的。

"爸爸，我的作业还没完成。"

"谁也不能剥夺你呼吸新鲜空气的权利！女儿，上马吧！"

"爸爸，我们今天去哪里？"

"从城西绕到海船码头。"

"太好了，爸爸。"

希帕蒂娅骑上"旋风"，与父亲一前一后，进入拥挤和喧闹的人群中。

一出城，塞翁就打马小跑起来。希帕蒂娅一提马缰，两脚一夹马腹，"旋风"立刻懂了主人的心意，长嘶一声，赶了上去。她一会儿就超过了父亲。

跑马的颠簸使希帕蒂娅全身肌肉都颤抖起来，心也怦怦地跳着。但她是那样兴奋，恨不得一口气跑到码头。"旋风"真像旋风，它卷起一阵尘土，迅猛地向前冲去。塞翁控制着坐骑的速度，策马紧随其后。他估计女儿的体力即将不支，而她骑兴正高，丝毫不想减慢飞奔的速度。于是，他高声喊："希帕蒂娅，向北拐，朝海走。"

"旋风"的速度慢下来，塞翁催马急拐弯，拦住了女儿的马头。

"让马缓缓气，女儿。"

"好的，爸爸。"

两匹马一前一后缓步向前行。夕阳西斜，它把赠给世界万物的影子拉得长长的，丢在它们的东边。

"希帕蒂娅，看到影子了吗？"塞翁又回到上午提出的问题。"来，骑到我的东边。"

真巧，随着影子的重叠，两个影子的最东点正好对齐。

"啊！太棒了！"希帕蒂娅一面观察着两个影子的重叠，一面高兴地叫了起来，"爸爸，太阳和咱们俩的头顶上正好在一条直线上，是吗？前两天刚学过的相似三角形相应边成比例的定理可以用上了，知道你和我的影子长度，又知道我骑在马上的高度，不就能算出你在马上的高度了吗？"

"量我在马上的高度，有一根竹竿就行了。"父亲说。

"可是，没有金字塔那么高的竿子呀！"

希帕蒂娅突然明白了，测量金字塔的高度可以用影子测高的方法。她兴奋极了，抓住父亲的右胳膊，用劲一跳就离开了"旋风"。塞翁吃惊的抱住女儿，把她轻轻放在自己的马上。

"怎么了，女儿！"

"影子可以帮我们测量金字塔的高度。我用不着爬上金字塔了，对吗？"

希帕蒂娅亲热地搂住了父亲的脖子。

7. 高斯8岁发现求等差级数和

高斯（1777～1855），德国数学家、物理学家和天文学家。早期研究数论，著有《算术》一书，此外还有关于向量分析的高斯定理、代数基本定理的证明、质数定理的验算等研究成果。

德国著名的科学家高斯的故乡在德国的布劳恩什维格，他的家境贫寒，祖父是个老实厚道的农民，父亲靠给人打短工来维持一家人的生活。后来，他靠念过几天书当上了杂货店的算账先生。

尚在幼年的高斯就表现出极高的数学天赋。有个晚上，父亲结算店里伙计的工钱，费了好大劲才算出来。一直在旁边看着父亲算账的高斯却说："爸爸，你算错了。"

父亲有些不相信，又认真地算了一遍，才知道真的错了。父亲觉得奇怪：谁也没有教过他算术啊？

高斯小时候跟着父母住在农村，在附近的小学里念书。学校的算术老师是从城里来的，他觉得跑到这么一个穷乡僻壤来教这些农村孩子，真是大材小用，委屈得不得了。他认为穷人的孩子都是天生的笨蛋，教这样的孩子根本用不着认真。所以，他经常训斥学生，动不动就用鞭子惩罚他们。有一天，这位老师情绪特别不好，他的脸拉得很长，一副不高兴的样子。同学们都害怕起来，不知道谁又会受到打骂。老师站到讲台上，像军官下命令一样绷着脸说："今天，你们给我算1

加2加3,一直加到100的和。谁算不出来,就不准回家吃饭,直到算出来为止。"说完就坐在椅子上,看他的小说。

老师坐下不久,高斯拿着小石板来到老师面前说:"老师,答案是不是这样?"

老师头也不抬,看也不看,挥手说:"去!回去继续算,错了!"

高斯站着不走,把小石板往前一伸说:"老师,我想这个答案是对的。"

老师正想发脾气,可是,一看小石板上却端端正正地写着"5050"。他大吃一惊,因为他算过答案的确是"5050"。这个8岁的孩子,怎么这么快就算出了正确的答案?

原来高斯不是按着1、2、3的方法依次往上加的。他发现一头一尾按次序两个数相加,和都是一样的。1加100是101,2加99是101,直到50加51也是101,一共有50个101,用50乘101,就是5050了。

他用的方法,就是古代数学家经过长期努力才找出来的求等差级数的和的方法。

高斯的发现,使老师震动很大,他痛感自己看不起穷人的孩子,是完全错误的。此后,他认真备课,努力教学,还从汉堡买了书桌,高高兴兴地送给高斯。

高斯在对各方面知识的执着追求,使他在数学、物理学及天文学方面都取得了一定的成就,成为世界著名的科学家。

8. 童年愚笨的希尔伯特

希尔伯特(1862~1943),德国著名数学家,柏林科学院院士。

他在 1900 年国际数学家大会上提出的 23 个数学问题，被称为"希尔伯特数学问题"，对整个 20 世纪的数学研究产生了重大影响。

在东普鲁士首府哥尼斯堡，有一个普通的乡村法官家庭，1862 年 1 月 23 日，这个有着严谨、求实传统的家庭却诞生了一位著名的数学家，他就是希尔伯特。

希尔伯特的祖父和父亲都是法官。母亲是一个有知识有教养的女性。她虽然是一个没有社会职业的家庭主妇，可是她不仅懂得哲学、天文学，还对数学有很深的研究。她读书学习并不是为了谋职，而是出自个人的兴趣和爱好。长期对知识的追求，使她成为学识丰富和视野开阔的人。

常言道："父母是子女的第一任老师。"从希尔伯特出生起，父母就十分关注他的成长，注意采用各种形式对儿子进行教育。

希尔伯特小时候的表现很令人失望。他的语言能力很差，思维有些迟钝、各项能力也不及同龄的孩子。因此，父母再三考虑没有急于把希尔伯特送进学校，而是在家对他进行启蒙教育。

8 岁时，希尔伯特才上小学，比其他孩子晚了两年。上学后，他学习很吃力，除了数学之外没有一科成绩突出。在语言、作文以及需要记忆的科目中，希尔伯特经常考试不及格。在当时的教学条件下，数学并不被重视，数学老师也不被人看重。可是，希尔伯特对数学的浓厚兴趣，使老师很高兴，任课老师有时专门出一些数学难题让学生们比赛，看谁做出的多，想以此来刺激学生们学习数学的兴趣。这样的竞争最适合希尔伯特，他可以充分显示自己的数学才能。所以，每次数学竞赛，都能给希尔伯特带来愉快。

由于老师的启发，热爱数学的学生多起来。由于希尔伯特的数学成绩突出，所以，老师不在时，同学们遇到难题或解不出来的数学问题，就向希尔伯特请教。这给希尔伯特带来了自信和荣誉。

读小学四年级时,班上转来了俄籍犹太人闵可夫斯基三兄弟。他们都聪明过人,老师讲解的问题他们听一遍就能准确地记住。同学们不明白的问题,三兄弟都能解答。三兄弟成了班上的小老师。特别是数学问题,有时讲不明白的问题,闵可夫斯基兄弟能讲明白。

闵可夫斯基兄弟三人的到来,使希尔伯特在数学上的才能大为逊色。这使他感觉有些沮丧。他在学校抬不起头来,回到家中则闷闷不乐。希尔伯特的父母及时发现了儿子的情绪变化,便和希尔伯特一起讨论学习中遇到的问题。他们帮助希尔伯特恢复信心,虽然他在数学上暂时不如闵可夫斯基兄弟,可是,比别人还是强的;在其他学科上虽然暂时不如别人,然而,自己同自己比,他的进步还是很快的。

希尔伯特的父母时刻提醒儿子,学习并不是为了比赛,而是为了自己掌握更多的知识。既然每一天的学习都能给自己带来收获,还有什么必要管别人说自己是聪明还是愚笨呢?父母在帮助希尔伯特恢复信心后,又帮助他找出自己的长处和短处,使他在学习过程中能够扬长避短,鼓起勇气战胜困难。

9. 爱因斯坦5岁从计算中获得快乐

爱因斯坦(1879~1955),德国物理学家,生于德国南部小城乌尔姆。他是犹太人,26岁获博士学位,最重要的贡献是建立了狭义相对论。1921年获得诺贝尔物理学奖。1933年因受纳粹政权迫害,迁居美国。

1879年3月14日,在德国南部小城乌尔姆的一个犹太人家中,德国伟大的物理学家爱因斯坦诞生了。

在他两岁时,他们全家搬到了慕尼黑。他的父亲靠几个阔亲戚资助开了一家小厂,但他喜欢看书,不善经营,导致小厂几次破产。所以,他们一家的生活时常处于窘困之中。

转眼,阿尔伯特·爱因斯坦已经是3岁的"大孩子"了。满头又黑又亮、自然卷曲的头发,宽阔的额头,额头下面的一双深陷的、异常明亮有神的棕色大眼睛,再配上略带鹰钩的鼻子,显得十分活泼机灵。可是,年满3岁的小爱因斯坦不大会说话,这让全家颇感忧虑。

无论父亲和母亲怎样帮助和训练,也不见效果。年轻的父亲焦急万分,难道阿尔伯特是低能儿?是天生的痴呆?看着孩子一双充满稚气和灵性的大眼睛,他们怎么也不能相信这一点。

在他们家附近,有一个小的花园,附近几家邻居的孩子经常来这里和爱因斯坦兄妹一块儿玩耍。这些孩子们最喜欢的游戏之一,就是学着军人的样子,列队步行,然后,分作两伙"打仗"玩。

一时间,花园变成了"战场",积木、水果和土块变成了"炮弹"。孩子们你来我往,追逐着,嬉戏着,杀声震天,孩子们非常投入,场面非常热闹。

爱因斯坦从来都不参加这种游戏。每当"战斗"即将开始时,他都会找一个角落,拿出他十分喜爱的纸板,一遍又一遍搭房子。慕尼黑城里所有爱因斯坦能够记住的主要建筑物,几乎都在他的手下"建成"了。

很快,孩子们发现了爱因斯坦的叛逃,觉得难以理解:这么好玩的游戏,他竟然毫无兴趣,一个人在那儿摆弄那些破纸片。

时间过得真快,不知不觉中,爱因斯坦已经5岁了。一次,爱因斯坦病了,感冒发烧,医生嘱咐要多休息。一连3天,爱因斯坦把所有的书籍和玩具,都重新摆弄了好几遍,直到腻烦为止。手里边没有可供玩弄的东西,他在床上翻来覆去,似乎躺不住了。

父亲看出了儿子的心思,不知从什么地方弄来了一个指南针,送给儿子。

　　起初，爱因斯坦并没有在意。他漫不经心地拿起指南针，只见中间那根红色的针在轻轻抖动，但总是指着一个方向。爱因斯坦无意之中，把指南针调了一个方向，奇迹出现了：那根红色的指针仍然指着北方！他坐了起来，把指南针猛烈地调过来调过去。可是不管怎么转动，那根红色的指针仍坚定不移地指向北方。爱因斯坦大吃一惊，什么东西使它总是指向北方呢？他把指南针翻过来、调过去地细细查看，没有特殊的东西，这真是太神奇了！

　　如果说后来的阿尔伯特·爱因斯坦对科学有着执着的追求和不懈的努力的话，指南针无疑是唤醒他对科学的好奇心、探索事物原委的兴趣的开始。这种平凡而又神圣的好奇心，正是一位科学家成长的必需动力。

　　爱因斯坦的叔叔雅各布·爱因斯坦在慕尼黑一直和爱因斯坦一家住在一起，成为爱因斯坦童年最主要的启蒙老师之一。

　　叔叔对这个不爱说话但很聪颖的侄儿疼爱有加。同时，他本人是一个很好的电气工程师，十分喜欢数学，而且颇有造诣。每当闲暇之时，叔叔都要给爱因斯坦讲数学原理，然后，再出一些趣味性的数学题目，让小爱因斯坦计算。有时，雅各布叔叔故意出一些远远超过一个5岁孩子正常理解能力的难题，然后，眯着眼睛故意逗小爱因斯坦："怎么样？想试一试吗？"每次，爱因斯坦都瞪着棕色的大眼睛，用充满稚气的声音回答："当然！"此后，就是爱因斯坦的苦思冥想，绞尽脑汁地计算。有时候，甚至已经上床睡觉了，忽然想起了什么，也要起来在灯下计算一番。

　　别人看他这样，很为他难受。可爱因斯坦从来都不把这看作是"受罪"，恰恰相反，他在演算过程中，感受到了乐趣。更重要的是，他在计算过程中领略到了科学的奥秘和创造的快乐。这一点，在他每次解出一道数学难题时，感受尤其强烈。

几十年过去了，阿尔伯特·爱因斯坦凭着对科学的执着，成就了一番事业，成为德国著名的物理学家。

10. 水池里有几桶水

从前，某国王有个习惯，每日早上接受大臣朝拜后，便让众臣陪同在宫殿周围散步。一日，来到御花园，众人坐下观景。国王瞧着面前的水池忽然心血来潮，问身边的大臣："这水池里共有几桶水？"

这个问题问得稀奇古怪，几桶水？谁答得确切？众臣一个个面面相觑。

国王很不高兴，便发旨："你们回去考虑三天，谁能答出便重赏。"

三天过去了，大臣中仍无人能解答得出这个问题。国王觉得很扫兴。此时，有个大臣诚惶诚恐地伏地奏道："国王息怒，我等不才，无法解答您的问题，老臣向国王推荐一人，或许能行。"

国王闻言问："推荐何人？"那大臣说："城东门有个孩子很聪明，人人都叫他神童，是不是把他唤来一试？"

国王一听，觉得好笑。堪称安邦治国的栋梁之才也答不出来，小孩行吗？正想摇头，一想又改变了主意，他想试一下那"神童"的才智如何，便下旨召见。

不多时，那位孩子便被领进大殿。他长相伶俐，落落大方，进了皇宫毫无怯意。

国王便将那问题讲了一遍后，示意让人领小孩到池塘边去看一下。那孩子天真地笑道："不用去看了，这个问题太容易了。"

国王一听乐了，说："哦，那你就讲吧。"

孩子眼睛眨了几眨,说:"要看那是怎样的桶。如果桶和水池一般大,那池里就是一桶水;如果桶只有水池的一半大,那池里就有两桶水;如果桶只有水池的三分之一大,那池里就有三桶水,如果……"

"行了,完全对。"国王重赏了这个孩子。

众臣一个个呆若木鸡,自愧不如。

11. 王冠的秘密

阿基米德是古希腊著名的物理学家、数学家。

有一次,国王让工匠做了一顶纯金的王冠,漂亮极了。可大臣们看了,都窃窃私语:"谁知道那是不是纯金?"国王知道后,便把阿基米德召来,让他查个水落石出。

阿基米德每天都在思考这个问题。有一天,他去洗澡,浴盆里放了大半盆热气腾腾的水,他一屁股坐下去,忽然觉得轻飘飘的,身子像浮起来了似的,水哗哗地从盆里流出来。

"水多了!"他下意识地站起来,水又落下去。他孩子气地又重重地坐下去,水又升上来,从盆沿流了出去。"啊!我知道啦!我知道金冠的秘密啦!"阿基米德突然高兴地叫了起来,跳出澡盆,冲向王宫。

阿基米德在洗澡时得到了启示,他觉得马上可以弄清王冠的秘密了。

在王宫里,他给国王做了这样一个实验:找来一块和王冠同样重的纯金块、两只大小相同的罐子和盘子,然后把王冠和金块分别放进装满水的罐子里,当水溢出来时,各用一个盘子接着。最后,把这些溢出来的水分别倒进两只同样大小的杯子里，一比，结果发现溢出来的水不一样多。这时，阿基米德举着两只杯子，对国王说："尊敬的国王陛下，现在我可以肯定地告诉您，这顶王冠不是纯金的，它里面掺了其他的金属。"

国王听了，疑惑不解地问："为什么？"

阿基米德给国王解释说："王冠和纯金块一样重，如果王冠是纯金的，那么它们的体积也应该一样大，放进水罐里，流出来的水也应该一样多。而现在放王冠的罐子里流出来的水多，放纯金的罐子里流出来的水少，这就说明王冠的体积比纯金的体积大。可见，王冠不是纯金的。"

国王终于明白了。于是，他忙派人把工匠抓来审问。果然，工匠是用黄铜代替黄金铸在王冠里了。

王冠的秘密就这样被阿基米德揭开了——而揭开王冠秘密的方法就是物理学上著名的阿基米德定理，即浮力定理。

这一定理，不仅仅对于水，对于一切液体、气体也都适用，至今仍在指导船舶排水量和装载量的计算。

12. "小不点"考上中学

"电脑大王"王安是美籍华人，是世界上著名的计算机专家。

王安出生在上海，父亲是小学的英语教师，从小就注意对他进行启蒙教育，王安超人的数学计算能力很早就显示了出来。例如，父亲和他一起计算三位数的乘法，他能马上说出答案，而父亲还在纸上运算呢。

6岁的王安到了上学的年龄，因为在父亲的教导下，他很早就学完了初级课本，所以他就直接从三年级读起。这样，王安在班里就是个"小不点"，个头比别的同学矮，体育比赛也总落在其他同学的后面。不过，王安却聪明绝伦，每门课的成绩都在班里排第一，同学们都很佩服他。

过了几年，王安应该升中学了。当时著名的上海中学只招收两个初中班，所有的家长都希望自己的孩子能在那里读书，所以竞争很激烈。父亲想到王安的年龄小，为了更有把握，就劝王安先在家自学一年，第二年再考，可王安却偷偷报了名，背着父亲参加了考试。

考试成绩出来了。王安的数学成绩出类拔萃，总分名列第一。就这样，"小不点"王安以优异的成绩被上海中学录取了。后来，王安成了著名的电脑专家，还被美国发明家纪念馆评为继爱迪生等人之后的第69位世界级大发明家呢。

13. 聘不到家庭教师

1913年夏天，匈牙利大银行家马克思先生在报纸上登了条启事，说要为11岁的长子冯·诺伊曼聘一位家庭教师，只要应聘的人能让冯·诺伊曼满意，他愿意出高出一般家庭教师10倍的聘金。

这么高的价钱请一位家庭教师，这可是一件新鲜事。十几天过去了，上门来应聘的人很多，但都是刚和小冯·诺伊曼交谈一会儿就匆匆离开了，他们都说小冯·诺伊曼是个神童，自己教不了他。这样一来，冯·诺伊曼的名字就传遍了全城，甚至比号称最富有的父亲都有名。

小冯·诺伊曼确实是个神童，尤其是在数学方面，冯·诺伊曼的心算能力达到了惊人的程度。在他3岁那年，父亲把账簿翻过几页，让儿子看了几眼,儿子竟然能一字不差地背出账簿上的数字。到了 6 岁,他就能做 10 位数的除法算术题。到 8 岁时,他就能读懂《函数论》。

不但数学计算能力惊人,冯·诺伊曼的记忆力也不可思议地好。他只需要看过一次电话号码簿,就能记住所有的姓名、地址和电话号码。家中各种各样的藏书他都能背诵下来,就像一台照相机一样。

长大以后,冯·诺伊曼获得了物理学和数学博士学位,毕生致力于计算机的研制工作,被后人称为"电子计算机之父"。

14. 数学明星苏步青

苏步青是我国著名的数学家,被国际数学界称为"东方国度上升起的数学明星"。他把毕生的精力都贡献给数学事业,发表了 100 多篇学术论文,还写了好几本数学专著呢。

日本帝国主义发动侵华战争的时候,苏步青正在上小学。他的老师洪岷初先生是位爱国人士,经常鼓励学生努力学习,用科学来救国。苏步青没有辜负老师的期望,他学习刻苦,每门课的成绩都在班级里名列前茅。也就是在洪岷初先生的教导下,苏步青的数学天才逐渐被开发出来了。

洪老师负责教授数学,慢慢地,他发现苏步青对数学特别感兴趣,听课非常认真。于是他在给学生们布置作业的时候,有意识地给他多留一些,而苏步青每次都能圆满地完成。

有一次,洪老师出了一道几何题,要求学生们证明"三角形内角之和等于 180 度"这个定理。班里其他的同学还在苦恼地思考着,苏步青已经把答案写出来了,而且,他举一反三,旁征博引,竟然用了

20多种方法！洪老师看了，认为苏步青具有数学天才。

为了培养苏步青对数学的兴趣，洪老师鼓励他把这些证明方法写成了一篇论文，送到浙江省中学生作业展会展出，结果引起了轰动。

15. 史丰收创速算法

史丰收是我国著名的数学整算法改革家。他的整算方法运算简便，只要掌握了这种运算方法，小学二年级的学生也能在三四秒的时间里就完成两个8位数相乘，计算速度比世界最著名的速算家还快3倍。

史丰收很小的时候就喜欢"调皮捣蛋"。6岁的时候，父亲看见水缸里泡着一盆牡丹花，就生气地把儿子叫过来，问他为什么要"搞破坏"。史丰收委屈地说，他想让牡丹花多喝水，这样才能长得快。父亲是乡村医生，善于启发儿子动脑筋，听儿子这么一说，不但没责备他，反而找出了一本《植物学》让他读。

史丰收上学了。小学一年级的时候，他很快就被神秘的数字迷住了，老师讲加减法时，他觉得这种方法又笨又慢，"能不能有更简单的算法呢？"从此，史丰收像着了迷一样，每时每刻都在运算，屋里屋外到处都写满了题目，连妈妈给他做的新衣服都被他当成了草稿纸。

经过不懈的努力，史丰收快速计算法终于成熟了，而这一年史丰收才13岁。也正是在这一年，中国科技大学破格录取他为大学生。

16. 牧童与国王

从前，有个国王老爱提些奇怪的问题，而那些问题连最聪明的大臣也回答不了，因此，国王很扫兴。

一天，国王和一些大臣们到草原上玩，看见有个牧童在放羊。

国王就把牧童叫到身边，问他："我有三个问题，你能回答吗？"

牧童说："你问好了，我什么问题都能回答。"

国王就问了："注意第一个问题——海里有多少滴水？"

牧童回答："陛下，这可真是个难题。不过，您得把所有的河流都堵起来，免得海变大。到那时候，我再替您数吧。"

"很妙！"国王开心地又说，"第二个问题——天上有多少星星？"

牧童拿出三袋罂粟粒，撒在草地上，说："天上的星星和这地上的罂粟粒一样多，您自己数吧！"

国王满意地点点头，最后问："好极了，不过现在您一定得告诉我永恒包含多少个瞬间？"

牧童想都不想就回答了："陛下，地球的尽头有一座钻石山，高要走一小时，深要走一小时，宽要走一小时。每隔一百年，就有一只鸟飞到山上磨嘴巴。到整座山磨平时，永恒所包含的第一个瞬间就过去了。陛下，我们为什么不一道等下去，好数一数永恒中所包含的瞬间呢？"

国王哈哈大笑说："我的大臣都没有你聪明。"

17. 沙昆塔拉的心算

印度有个女孩子名叫沙昆塔拉,她的心算能力简直不可思议。

她6岁的时候,叔叔随口说出了一个数字,她立即报出了这个数字的平方根。开始叔叔还不相信,又说了一个更复杂的数字,她照样能报出那个数的平方根。接着,她干脆不用叔叔提问,自报自答地说出了一连串数字的平方根,她叔叔听了,欢呼着将她抱了起来。

从此,沙昆塔拉到各地去表演她的心算能力,她的表演从没出过差错,于是她的名声传到国外。稍大之后,她心算的本领又有了提高。于是就到国外表演,跑了一百多个国家,每次都获得巨大的成功。许多国家把她的表演当作头条新闻加以报道。她的表演精彩纷呈,简直使人难以置信,但观众们面对着这个神奇的女孩,听着她心算出的一个个准确无误的数字,不得不相信,这是千真万确的事实。

在澳大利亚的一次表演中,出题的专家刚刚提出一个天文数字,还没来得及输入电脑,沙昆塔拉已报出了答案,在场的观众惊得目瞪口呆,无法相信一个孩子的头脑比电脑运转得还快。

更使人惊奇的是在美国一所大学里的表演。专家们用201位数字,要她和电子计算机比赛求23次立方根的速度,但当地的3个计算机中心无法处理这样大的数字,只得动用美国最尖端的一台大型计算机。人们紧张地观看着这人和机器的比赛。但奇迹出现了,沙昆塔拉战胜了尖端的电子计算机,她只用了50秒钟就报出了答案,而电子计算机运用的时间是一分多钟。

沙昆塔拉还能准确地回答出 100 年中任何一天是星期几。

沙昆塔拉的这种奇异的心算能力，当然不能单纯以勤学苦练来解释，至于如何解释这种现象，这是沙昆塔拉留给科学家们的一个难题。这个难题，连善于解答各种问题的沙昆塔拉本人也难以解决。

18. 阿拉伯数字的历史误会

1、2、3、4、5、6、7、8、9、0 这 10 个数字，是我们在学数学的时候，在生活中，随时都可以看到的。我们也管它们叫"阿拉伯数字"。如果问起你为什么管它叫这个名字，你也许会毫不犹豫地说："当然是因为它们是阿拉伯人发明的啦！"

不过，小朋友，你们知道吗？"阿拉伯数字"其实并不是阿拉伯人发明的，这是一个历史的误会。其实，这些数字，在公元前 3 世纪的时候就已经被印度人确定和应用了。

阿拉伯人对数学研究作出了很多的历史贡献，而在当时，欧洲还正处在中世纪的时代，宗教思想占绝对的统治地位，科学研究得不到发展。不过欧洲的一些学者们还是通过从阿拉伯传来的书籍中得到了科学知识。通过这些书籍，欧洲人熟悉了几乎整个古代世界的数学创造，但在一开始的时候，却把它们全都当成了阿拉伯数学的成就。他们把经过阿拉伯人改进的印度数字，也当成是阿拉伯数学家的发明，所以给它起了个名字，叫"阿拉伯数字"。

后来，人们知道弄错了，但是"阿拉伯数字"这个名字已经叫开，而且成了习惯，改不过来了。所以，我们现在还是叫它"阿拉伯数字"。

19. "0"的故事

小朋友,你们都知道,1、2、3、4、5、6、7、8、9、0这10个阿拉伯数字是数学的最基本的符号,有了它们,我们才能进行数学运算。而"0",则是其中不可缺少的。有了"0",我们在记数、读数等方面,有很多方便。不过,你们也许不知道,"0"这个数字在当初传入欧洲的时候,还发生过一段挺让人气愤的故事呢。

大约1500年前,欧洲的数学家们是不知道用"0"的。他们使用罗马数字。罗马数字是用几个表示数的符号,按照一定规则,把它们组合起来表示不同的数目。在这种数字的运用里,不需要"0"这个数字。

而在当时,罗马帝国有一位学者从印度记数法里发现了"0"这个符号。他发现,有了"0",进行数学运算方便极了,他非常高兴,还把印度人使用"0"的方法向大家作了介绍。过了一段时间,这件事被当时的罗马教皇知道了。当时是欧洲的中世纪,教会的势力非常大,罗马教皇的权力更是远远超过皇帝。教皇非常恼怒,他斥责说,神圣的数是上帝创造的,在上帝创造的数里没有"0"这个怪物,如今谁要把它给引进来,谁就是亵渎上帝!于是,教皇就下令,把这位学者抓了起来,并对他施加了酷刑,用夹子把他的十个手指头紧紧夹住,使他两手残废,让他再也不能握笔写字。就这样,"0"被那个愚昧、残忍的罗马教皇命令禁止了。

虽然"0"被禁止使用,罗马的数学家们还是不管禁令,在数学的研究中仍然秘密地使用"0",仍然用"0"作出了很多数学上的贡献。后来"0"终于在欧洲被广泛使用,而罗马数字却逐渐被淘汰了。

20. 最大的数有多大

其实按理说来,不可能有一个最大的数,因为数是无穷无尽的。不过,历史上也有许多数学家提出"大数"的概念。

古希腊学者阿基米德是历史上最早提出"大数"的人。他在他的一本书中说:有人认为,在全世界所有有人烟和无人迹的地方,沙子的数目是无穷的;也有人认为,沙子的数目不是无穷的,但是想表示沙子的数目是办不到的。但是我的计算表明,如果把所有的海洋和洞穴都填满了沙子,这些沙子的总数不会超过1后面有100个0。

1后面有100个0,如果读出来,就是一万亿亿亿亿亿亿亿亿亿亿亿。我们日常遇到的大数,很少有超得过它的。后来的数学家把这个大数起了个名字,叫"古戈"。

有没有比古戈更大的数呢?

有。我们以后要讲到的"到底有多少兔子"中的兔子,繁殖到第571个月的时候,数字已经大于一个古戈了。

古戈在实际生活中是个非常大的数,可是在数学研究里,古戈又太小了。比如,有的数学家发现了有个7067位的大质数,而古戈只有101位,比起这个大质数来,可以说是个小弟弟了。而为了能表示更大的数,数学家又规定了"古戈布来克斯",一个古戈布来克斯是多少呢?光是它的0,就有一万亿亿亿亿亿亿亿亿亿亿亿个呢!

21. 神秘的大西岛

古希腊有位伟大的哲学家叫做柏拉图,他在他的书中曾根据另一位大政治家梭伦的回忆录,记载了一个叫做大西岛的地方的传说。而这个故事又是梭伦在游历的时候,一些埃及的祭司告诉他的。

在比梭伦还要早 9000 年的时候,大西岛上有着非常发达的文明。但是,有一次,巨大的灾难降临了大西岛,这个岛连同它的全体居民突然沉到海里去了。据说,这个岛的面积是 800000 平方英里,而这比在古希腊所濒临的地中海整个的面积都要大,因此,柏拉图只有猜测,这个岛的位置在大西洋里,大西洋的名字最早就是这么来的。

可是,从柏拉图的时代开始,世世代代的人们不断地寻找,始终都没有找到这个神秘的大西岛。而在近代,根据地质考察表明:地中海里确实发生过这样一次火山爆发,也确实毁灭了一种文化。但是,这个事件发生在比梭伦那个时代早 900 年的时候,而不是 9000 年。不但如此,柏拉图在书里描述过的那个岛的面积,原来说是长 3000 斯达提亚(古希腊长度单位),宽 2000 斯达提亚,面积折合约 800000 平方英里,但是如果把这个大小缩成 300×200,就正好和希腊的克里特岛上的一个平原相符了。原来,从梭伦到柏拉图,都犯了一个错误,他们读错了古埃及的数字,把位值提高了一位,把 100 读成了 1000。其实,大西岛就是希腊南部的克里特岛。

22. 乌龟背上的数

传说在很久很久以前，大禹治水来到洛水。洛水中浮起一只大乌龟，乌龟的背上有一个奇怪的图，图上有许多圈和点。这些圈和点表示什么意思呢？大家都弄不明白，一个人好奇地数了一下龟甲上的点数，再用数字表示出来，发现这里有非常有趣的关系。

把龟甲上的数填入正方形的方格中，不管是把横着的三个数相加，还是把竖着的三个数相加，或者把斜着的三个数相加，它们的和都等于 15。

后来，数学家对这个图形进行了深入的研究。在我国古代，把这种方图叫做"纵横图"或者"九宫图"；在国外，则叫它"幻方"。

宋朝有个数学家叫杨辉，他研究出来了一种排列方法：先画一个图，把 1 到 9 从小到大斜着排进图里，然后把最上面的 1 和最下面的 9 对调，最左边的 7 和最右边的 3 对调，最后把最外面的四个数，填进中间的空格里，就得到了乌龟背上的图了。

23. 奇妙的 1/243

20 世纪，有个杰出的物理学家叫范曼，他不但在物理学上很有造诣，也非常有文学才能。他写了一部小说《范曼先生，你在开玩笑啊》，以他自己的经历做题材，记载了他本人和其他的一些科学家在第二次世界大战的时候造出原子弹的故事和其他的一些趣事。

在这本书里，范曼给大家介绍了一个神奇的数：1/243。这个数有什么神奇的地方呢？就是如果用小数来表示，它就等于：0.004115226337448559……

小朋友们看出来了吗？这个小数的排列特别有规律，411—522—633—744—855。那后面是不是就该是966了呢？可是如果你算下去的话，就会发现，下一个数确实是6，但再下一个数则变成了7，不再像刚才那样有奇妙的规律了。

如果一直除下去的话，那这个小数就是：0.00411522633744855967078189 3，然后又再重新循环下去。这种排列的规律到底是偶然的，还是有什么必然的规律呢？到现在还没有确定的答案。

24. 兄弟分房子

这是一道托尔斯泰很喜欢的数学题：兄弟五人平分父亲遗留下来的三所房子。由于房子无法拆分，便同时分给老大、老二和老三。为了补偿，三个哥哥每人付出800元给老四和老五，于是五人所得完全相同。问三所房子总值多少。

托尔斯泰的解法简单明了：三个哥哥共给两个弟弟800×3=2400（元），两个弟弟平分后各得2400÷2=1200（元），这也就是每个人平分到的钱数。1200×5=6000（元），这是三所房子的总值。

25. 他是疯子还是大师

如果你不会背1、2、3……你该怎样数数？

在我们的祖先认识数字以前,原始人采用把珠子和铜币逐个相比的方法来判断珠子和铜币哪一个多。这个朴素的"一一对应"原理仍是我们今天数数的方法。所不同的是我们不必再把实物与实物进行比较,而是把实物与自然数的整体(1,2……n)进行比较。比如,当我们数 5 个珠子时,实际上是把它们分别与 1、2、3、4、5 一一对应而数出来的。这一思想,被数学家康托成功地用来比较无穷集合的大小:如果两个集合之间存在一一对应,则这两个集合的元素就一样多。

康托的有关无穷的概念,震撼了知识界。

由于研究无穷时往往推出一些合乎逻辑的但又荒谬的结果(称为"悖论"),许多大数学家唯恐陷进去而采取退避三舍的态度。不到 30 岁的康托向神秘的无穷宣战。他靠着辛勤的汗水,成功地证明了一条直线上的点能够和一个平面上的点一一对应,也能和空间中的点一一对应。这样看起来,1 厘米长的线段上的点与太平洋面上的点,以及整个地球内部的点都一样多。

天才总是不被世人所理解。康托的工作与传统的数学观念发生了尖锐冲突,遭到一些人的反对、攻击甚至谩骂。有人说,康托的集合理论是一种"疾病",康托的概念是"雾中之雾",甚至说康托是"疯子"。

来自数学权威们的巨大精神压力终于摧垮了康托,使他心力交瘁,患了精神分裂症,被送进精神病医院。他在集合论方面许多非常出色的成果,都是在精神病发作的间歇时获得的。

真金不怕火炼,康托的思想终于大放光彩。1897 年举行的第一次国际数学家会议上,他的成就得到承认,伟大的哲学家、数学家罗素称赞康托的工作"可能是这个时代所能夸耀的最巨大的工作"。

26. 四对半双休日

暑假里，蓝妹妹和几位精灵约好，8月8日一起回学校看老师。回到家里忽然想起老师说过，每逢双休日，他们全家轮流到父母和岳父母家里去看望老人家。8月8日是不是星期六？是不是星期天？但愿不是。

8月8日是星期几呢？实在想不起来。只记得8月份有四对半双休日：4个星期天，5个星期六。

奇怪呀，星期天总是紧跟在星期六后面，可是在8月份，星期六有5个，星期天却只有4个。怎么有一个星期天跟得不紧，竟然跟丢了呢？

紧跟还是不会错的，一定是被挤到界外去了。8月份最后一天刚好是星期六，紧接在它后面的星期天就不是8月的，而是9月的了。

照这样看，8月31日一定是星期六。往前21天，是8月10日，还是星期六。再往前去两天，是8月8日，星期四。

这样就放心了，和精灵们约好的8月8日这天，不是星期六，也不是星期天，这正是蓝妹妹所希望的。

27. 多才多艺的祖冲之

祖冲之是1500多年前中国的一位数学家。他出生在一个几代人都对天文、历法有研究的家庭。所以，受家庭的熏陶，祖冲之从小就对天文学、机械制造和数学都产生了浓厚的兴趣。祖冲之小时候并不是很聪明，但是他学习非常刻苦，认真研读各种科学著作，深入探寻科学道理，并敢于怀疑前人，提出自己的见解。

祖冲之在历史上最有名的，是他对圆周率的研究。圆周率，就是圆的周长和直径的比。早在3500年前，古代巴比伦人就已经算出圆周率的值是3；而在2000多年前我国的数学书里，也把圆周率定为3。三国时候的数学家刘徽，用他自己发现的方法，把圆周率算到了小数点后两位，就是3.14。而祖冲之觉得刘徽的算法很好，就继续用这种算法研究，推算出圆周率的值在3.1415926和3.1415927之间，达到了8位有效数字。他还用分数的方法表达出圆周率，即355/113。这个结果是当时世界上最为精确的圆周率数字。直到1000多年后，外国数学家才求出了更精确的圆周率数值。

在其他的领域，祖冲之也取得了很大的成就。天文学方面，他曾经连续十年，在每天正午的时候，记录铜表上的日影，根据观察结果，制成了当时最科学的历法《太阳历》，其中的测算结果和现代天文学的测算结果相比只差了50秒。机械制造方面，他制造过一种新型指南车，方向始终正确；他还制造过"千里船"，改革了当时计时用的"漏刻"和运输车辆等等。他还精通音乐，并写过小说，是历史上少有的博学的人物。

祖冲之在世界上也非常有影响。在月球上，有一座环形山，就是以祖冲之的名字命名的，叫做"祖冲之山"。他是我们国家的骄傲。

28. 埃及金字塔之谜

小朋友，你们一定听说过埃及的金字塔吧，它是世界七大奇迹之一，它是古代埃及国王的陵墓，因为形状像汉字的"金"字，所以我们中国人叫它"金字塔"。其中，胡夫金字塔是保存最好的一座，又称大金字塔。

大金字塔大约由230万块石块砌成。外层石块约115000块，平均每块重2.5吨，像一辆小汽车一样大，而大的甚至超过15吨，如果把这些石块凿成平均一立方英尺的小块，把它们沿赤道排成一行，其长度相当于赤道周长的三分之二。

关于金字塔，有很多神秘的传说，其中相当一部分就是在大金字塔中发现的。

曾经有一位叫做约翰的英国人对胡夫金字塔各部分的尺寸进行过仔细的计算。金字塔的底座是一个正方形，边长230.36米，高则是146.60米。他把正方形相邻的两边相加，再除以高，即：(230.36+230.36)/146.60=460.72/146.60，得出来的数约是3.142，竟是圆周率的值！

为什么大金字塔里竟出现了圆周率呢？约翰怎么想也想不明白，最后竟导致了精神失常。

另一个叫彼特里的英国人，对大金字塔又进行了测量。他发现：大金字塔在线条、角度等方面的误差几乎等于0，在350英尺的长度中，偏差还不到1英寸。

大金字塔的很多谜团，至今仍然没有解开，也吸引着无数的科学家去探寻。

29. 百科全书式的天才

小朋友，你们知道百科全书是什么吗？简单地说，就是把各类学科的各种知识集合在一起的书籍。而如果一个人被称作"百科全书"，那么就证明这个人具有多方面的学问和才华,不是一般人能够相比的。而在三百多年前的德国,就有这么一位被称作"百科全书"式的天才,他的名字叫莱布尼茨。

莱布尼茨1646年出生于德国的莱比锡,他父亲是莱比锡大学的哲学教授。从小开始,莱布尼茨就酷爱读书,还自学了几门外语,15岁的时候就进入了莱比锡大学,学习法学,同时还钻研哲学和数学。仅仅20岁,他就获得了博士学位和教授席位。然而他没有去当教授,而是投到了一位侯爵的门下,做起了法律和外交事务。

在日常事务的间隙,莱布尼茨继续进行着数学的研究。他曾被派往法国巴黎出使4年。在这4年中,他在巴黎认识了许多数学家和科学家,并研读了许多法国著名数学家的著作。在这段时间里,他发现了微积分的基本原理,从而确立了微积分的基本内容。有意思的是,英国科学家牛顿几乎是在此同时也发现了微积分原理,所以历史上把牛顿和莱布尼茨一起看做是微积分的发现者。

在此期间,莱布尼茨还被派到过伦敦出使。在那里,他结识了许多科学家,更加深刻地研究数学,并取得了很多成果,还被选为伦敦皇家学会会员。后来,他又被巴黎科学院选为院士。再后来他到德国的柏林工作,还在那里创办了柏林科学院并出任第一任院长。一身兼任欧洲三个最重要城市的科学院的院长或院士,可见莱布尼茨当时的威望之高,贡献之大。

莱布尼茨对数学的贡献尤其是巨大的。在数学上,有两个互相对立的领域:连续数学和离散数学。而莱布尼茨是数学史上为数不多的在这两方面都达到了最高水平的人。

莱布尼茨是杰出的数学家、物理学家、哲学家、法学家、历史学家、语言学家和地质学家。他在数学、逻辑学、力学、光学、航海学和计算机方面都做了重要的工作。所以,他才被称为"百科全书式的天才"。

30. 一个迷人的猜想

数学家陈景润钻研哥德巴赫猜想的故事，小朋友们或许都已经听说过了，但是你们知道，哥德巴赫猜想到底是怎么回事吗？

哥德巴赫是一位生活在两百年前的德国外交官，他非常喜欢研究数学，并和当时著名的大数学家欧拉是好朋友。他俩常常在通信的时候探讨数学问题。

有一次，哥德巴赫在信中对欧拉说："我想发表一个猜想，就是每个大奇数都可以写成三个奇质数的和。比如77，可以把它写成三个质数之和：$77 = 53 + 17 + 7$。再任取一个奇数，比如461，又可以写为$461 = 449 + 7 + 5$。这样，我发现，任何大于5的奇数都是三个质数之和。但这怎样证明呢？需要的是一般的证明，而不是个别的检验。"

不久，欧拉就回信了，信上说："虽然现在我还不能证明它，但我感觉它一定是正确的！"而欧拉又提出了另一个命题：任何一个大于2的偶数都是两个质数之和。但是，这个命题欧拉同样也没有能够给予证明。现在通常把这两个命题统称为哥德巴赫猜想。

这个猜想看似简单，实际上要想证明却十分困难，曾经有人说，它的困难程度可以和任何没有解决的数学问题相比。两百多年来，尽管许许多多的数学家为解决这个猜想付出了无数的努力，但到现在为止它仍然是一个既没有得到正面证明也没有被推翻的命题。数学家们试验了从1000到3亿3000万的所有数，都肯定了哥德巴赫猜想是正确的。

而近百年来，在哥德巴赫猜想的证明上更是取得了很大的进展。一位数学家指出，任何整数都可以用一些质数的和来表示，而加数的个数不超过 800000。后来另一位数学家取得了进一步的成果,他证明了任何一个相当大的奇数都可以用三个质数的和来表示。而中国数学家陈景润的成果则更加深入,他证明了每一个充分大的偶数都可以表示为一个质数与另一个自然数之和,而这另一个自然数可以表示为至多两个质数的乘积。通常简称这个结果为"大偶数可表为 (1+2)"。

哥德巴赫猜想被誉为"一个迷人的猜想"、"数学王冠上的明珠",它等待着更多的数学家去努力摘取。

31. 诸葛亮秘传手稿

诸葛亮是三国时代刘备的军师,博学多才,神机妙算。古典长篇小说《三国演义》里,讲到诸葛亮在出师与魏兵打仗的过程中,身患重病,手下的大将姜维到行军帐里看望他。诸葛亮对姜维说:

"……吾平生所学,已著书二十四篇,计十万四千一百一十二字,内有八务、七戒、六恐、五惧之法。吾遍观诸将,无人可授,独汝可传我书。切勿轻忽!"

从这段话里知道,诸葛亮秘传给姜维的手稿有 24 篇,共 104112 字,大概估计一下,就可以知道平均每篇四千多字。

不做除法,能否知道每篇的平均字数是不是整数?

32. 52 年与 17 秒

我们已经讲过了"龟背上的图案"的故事,把龟背上所表示的数填入一个 3×3 的正方形中,不管是把横着的 3 个数相加,还是把竖着的3个数相加，或是把斜着的3个数相加，其和都等于15。我国古代把这个图叫做"九宫图"，而国外叫做"幻方"。

"幻方"都是正方形的，有没有其他形状的"幻方"呢？上世纪初，有个叫做亚当斯的人，他提出要排出"六角幻方"，就是把从1到19填进排成正六边形的19个圆圈中，使得横着、斜着在一条直线上的3个数、4个数或5个数相加，其和都相等。

亚当斯本人不是数学家，他在一家铁路公司的阅览室工作。他制作了19块小圆板，上面分别写上1至19，白天工作，晚上就摆弄这些小圆板。谁知把幻方摆出来，竟是这样的困难。亚当斯从1910年开始摆，一直摆到1957年，花了47年的功夫。亚当斯已经从一个小伙子，成为一个白发苍苍的老人，还是没有把六角幻方摆出来。

有一次，亚当斯生病住院了，在病床上，他还是不停地摆弄着19块小圆板，忽然有一次，竟然成功了！他激动极了，顾不上有病，急忙下床，把这个六角幻方记录下来。没过几天，他病愈出院了。谁知，在回家的路上，他也许是兴奋过度了，竟然把19块小圆板和记录六角幻方的那张纸一起给弄丢了。而回到家，亚当斯再回忆当时排出的幻方，怎么也记不起来了。

不过，亚当斯仍旧不灰心，他还是继续研究。又用了5年时间，在1962年2月的一天，他再一次排出了六角幻方。

亚当斯用了52年排出六角幻方的事情传出，许多人都佩服他的毅力和不屈服的精神。1969年，一位叫做阿莱尔的大学生使用电脑对六角幻方进行了重新填写，仅用了17秒的时间，就把六角幻方填好了。电脑的威力竟是这样大！不仅如此，阿莱尔还发现，这个六角幻方有20种不同的填法呢！

33. 英雄追乌龟

古希腊传说中有个叫阿基里斯的英雄,他是一个非常能奔跑的天神。而当时有一位叫做芝诺的哲学家却说阿基里斯跑得再快,也追不上一只慢吞吞的乌龟。这是怎么回事呢?

芝诺说:"让阿基里斯和乌龟举行一场赛跑,让乌龟在阿基里斯前头 1000 米开始。假定阿基里斯能够跑得比乌龟快 10 倍,当比赛开始的时候,阿基里斯跑了 1000 米,这个时候乌龟跑了 100 米,这就是说仍然在阿基里斯前面 100 米。当阿基里斯跑了下一个 100 米的时候,乌龟依然在他前面 10 米。阿基里斯再跑 10 米,乌龟又在他前面 1 米……阿基里斯能够继续逼近乌龟,但他决不可能追上它。"小朋友一定会认为,芝诺的话一定有错误的地方:一个跑得快的人怎么可能追不上一只乌龟呢? 不过,谁能说出,不对的地方在哪儿吗?

从阿基里斯开始追赶乌龟时,阿基里斯和乌龟二者的位置算起,在阿基里斯追赶乌龟的整个过程中,阿基里斯到达了乌龟的新的位置时,乌龟会到达一个更新的位置。于是,在阿基里斯追赶乌龟的过程中,阿基里斯与乌龟都会到达无穷多个位置,把每两个相邻位置之间的距离全部加起来,所得到的就是在阿基里斯追赶乌龟的过程中他们二者分别跑过的总路程:

阿基里斯跑过的总路程是 $1 + 0.1 + 0.01 + 0.001 + \cdots\cdots = 10/9$ (千米)

乌龟跑过的总路程是 $0.1 + 0.01 + 0.001 + \cdots\cdots = 1/9$ (千米)

然而芝诺犯了一个错误:他把阿基里斯追赶乌龟的位置变化过程和时间变化过程混为一谈了。

阿基里斯在追赶乌龟时所经过的 1 千米 + 0.1 千米 + 0.01 千米 + 0.001 千米 + ……这个无穷的位置变化过程不需要无限长的时间。10/9 千米除以 1 千米/小时 = 10/9 小时，也就是说阿基里斯追赶乌龟的无穷的位置变化过程只需要 10/9 小时就完成了。在 10/9 小时之内，芝诺的说法成立，即：阿基里斯每到达乌龟的一个位置时，乌龟又爬到了一个新位置。但是在 10/9 小时之后，就不会再有这样的情况发生了，如果阿基里斯继续跑的话，他很快就会把乌龟远远甩下的。

34. 天赋 + 勤奋 = 高斯的"天才"

高斯很早就展现出过人的才华，三岁时他就能指出父亲账册上的错误。但是他父亲是个"大老粗"，认为只有力气才能挣钱，学问这种劳什子对穷人是没有用的。所以，高斯一边读书。一边还要帮父亲干活。

高斯的老师去拜访高斯的父亲，要他让高斯接受更高的教育，但高斯的父亲太固执了，认为儿子应该像他一样，做个泥水匠，而且也没有钱让高斯继续读书。最后的结论是——去找有钱有势的人当高斯的赞助人，虽然他们不知道要到哪里找。经过这次的访问，高斯被免去了每天晚上织布的工作，每晚和老师讨论数学，但不久之后，老师也没有什么东西可以教高斯了。

1788 年高斯不顾父亲的反对进了高等学校，数学老师看了高斯的作业后，就要他不必再上数学课。

高斯虽然有天赋，但他并没有就此骄傲，反而更加勤奋努力地工作。他对工作的痴迷，到了一种不可思议的程度。当他的妻子病危的时候，他还在书房里埋头工作，女仆急急忙忙地来找他："先生，如果您不马上过去,就不能见她最后一面了。"高斯怎么回答的呢?他说:"我马上就要结束这工作了,叫她再等一下,等到我过去。"是不是让人看了既好笑又心酸呢?其实,高斯并不是不爱妻子,不过他还是最爱自己的工作,把工作看得比什么都重要。

人们一直把高斯的成功归功于他的"天才",他自己却说:"假如别人和我一样深刻和持续地思考数学真理,他们会做出同样的发现。"

35. 速算奇人

许多人有着惊人的心算能力,有的是通过某种速算法而取得的,有的则是天生的。

我们先说说第一种。话说有一天,物理学家爱因斯坦生病了,一位朋友去看他,为了给他解解闷,给他出了道乘法题。

朋友问:"2974×2926 得多少?"

爱因斯坦很快地说出:"8701924。"

完全正确!朋友不禁惊讶:"你是怎么算得这么快的呢?"

原来,爱因斯坦用的是一种速算法。他发现 $74+26=100$,所以就先用 29×30,等于 870,而 $74 \times 26 = (50+24)(50-24) = 1924$,把这两个答数接起来,就得了 8701924。

我们再说第二种。有些人天生就有着速算的天才,150 多年前,在英国发现了一个叫亨利的 10 岁男孩,他擅长心算,一位科学家给他出了一道题:$365,365,365,365,365$ 乘以 $365,365,365,365,365,365$ 等于多少?

大家都认为这是一道很难的题,亨利一定算不上来,谁知亨利思索了一会儿,便报出了答案:

133，491，850，208，566，925，016，658，299，941，583，225。

几个大人手忙脚乱地用手算了半天，惊奇地发现：亨利报出的答案完全正确！

不要说是手算，有的时候，一些速算奇人的心算速度是如此之快，即使是别人用计算工具，也赶不上。1944 年，电子计算机的创始人冯·诺伊曼和另两位物理学家费米、范曼在一起加紧原子弹的研制，有时喜欢用计算尺的费米、喜欢用手摇计算机的范曼和喜欢用心算的冯·诺伊曼三个人同时算一道题，结果总是冯·诺伊曼最先算完，而且算得准确。费米和范曼都称赞道："冯·诺伊曼就像是一台惊人的计算机啊！"

36. 爱因斯坦奇特的记忆方式

一天，爱因斯坦的女友打来电话。

"我的电话号码又更换了，真难记清，您记好，"女友说。

"好，我记下来。"爱因斯坦回答，"24361。"

"这有什么难记的？两打与 19 的平方！好啦，我记住了！"

爱因斯坦说完，又不无遗憾地告诉对方，自己的电话号码也换了。不过他并没有直接告诉对方具体号码是多少。而是说："原来和新换的电话号码都是 4 位数。新号码正好是原来号码的 4 倍，而且原来的号码从后面倒着写正好是新号码。"

请问你可知道这个新电话号码是多少吗？

37. 掉进漩涡里的数

30多年前,日本数学家角谷静发现了一个奇怪的现象:一个自然数,如果它是偶数,那么用2除它;如果商是奇数,将它乘以3之后再加上1,这样反复运算,最终必然得1。

比如,取自然数6,按角谷静的作法是:6÷2=3,3×3+1=10,10÷2=5,3×5+1=16,16÷2=8,8÷2=4,4÷2=2,2÷2=1。从6开始经历了3→10→5→16→8→4→2→1,最后得1。

这个有趣的现象引起了许多数学爱好者的兴趣。人们在大量演算中发现,算出来的数字忽大忽小,有的过程很长,比如27算到1要经过112步。有人把演算过程形容为云中的小水滴,在高空气流的作用下,忽高忽低,遇冷成冰,体积越来越大,最后变成冰雹落了下来。而演算的数字最后也像冰雹一样掉下来,变成了1。数学家把角谷静这一发现,称为"角谷猜想"或"冰雹猜想"。

到目前为止,还没有人能证明出按角谷静的做法,最终必然得1。

38. 退位让贤的好老师

牛顿经常回忆说:"巴罗博士当时讲授关于运动学的课程,也许正是这些课程促使我去研究这方面的问题。"

这个巴罗博士,就是牛顿的恩师,是第一个发现牛顿天才的人,也是把他带到科学殿堂的人。

牛顿19岁时进入剑桥大学,学校给他减了一部分的学费。他自己还为学校做杂务,来付剩下的学费。在这里,牛顿开始接触到大量科学著作,经常参加学院举办的各类讲座,包括地理、物理、天文和数学。

牛顿的第一任教授伊萨克·巴罗是个博学多才的学者。这位学者独具慧眼,看出了牛顿具有深邃的观察力,敏锐的理解力。于是将自己的数学知识,全部传授给牛顿,并把牛顿引向了近代自然科学的研究领域。

当时,牛顿在数学上很大程度是依靠自学。他学习了欧几里德的《几何原本》,在他看来那太容易了。然后他又读笛卡儿的《几何学》,沃利斯的《无穷算术》,巴罗的《数学讲义》及韦达等许多数学家的著作。

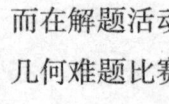

1664年,牛顿被选为巴罗教授的助手。第二年,他获得了剑桥大学学士学位。

后来,巴罗教授为了提携牛顿,自己辞去了教授之职。26岁的牛顿,年纪轻轻就被晋升为数学教授。巴罗让贤,在科学史上一直被传为佳话。

39. 数学奥林匹克的历史

小朋友,你知道2008年的奥林匹克运动会将在中国北京举行吗?这是奥林匹克体育竞赛,或许每个人都知道。可是你是否知道奥林匹克数学竞赛呢?

数学活动离不开解题,掌握数学的一个重要的标志就是善于解题。而在解题活动中的有意的比赛或无意的竞争由来已久。古希腊有过解几何难题比赛的悠久记录;16世纪在意大利有过关于口吃者塔塔利亚

求解三次方程的激烈竞争；19世纪法国数学科学院以悬赏方法征求数学难题的解答……所有的这些事实都是世界数学史上最古老的竞赛，而现代意义下的中学生数学竞赛源于匈牙利。

1894年匈牙利数学物理协会通过了在全国举办中学数学竞赛的决议，首开了中学数学竞赛的先河。自1894年起每年10月举行，每届3道题，限4小时完成。匈牙利的数学竞赛造就了一大批数学大师。

1934年，原苏联在列宁格勒大学举办了中学数学奥林匹克，首次把数学考试与公元前776年古希腊的奥林匹克体育活动联系起来，"数学奥林匹克"的名字就此诞生了。

第一届全世界的数学奥林匹克，1959年7月在罗马尼亚古都布拉索拉开帷幕，这是数学竞赛跨越国界的创举。如今虽然数学竞赛还不是世界上的每一个国家都参加，但大多数经济文化发达的国家都置身其列了。数学奥林匹克已成为国际上最有影响的学科竞赛，同时也是世界公认水平最高的中学数学竞赛。

中国的小选手们在数学奥林匹克中多次获得好成绩，几乎年年都把金牌捧回家！将来，你会成为他们中的一员吗？

40. 自学成才的数学家

在中国，有一位数学家是家喻户晓的，他就是华罗庚。一提到这个名字，人们就会想到"数学家"、"自学成才"和"聪明"这些词。可能有的小朋友还参加过"华罗庚数学金杯赛"吧。

华罗庚于1910年出生在江苏省金坛县。1924年从金坛中学初中毕业后，因家境贫寒，年仅14岁的华罗庚便在父亲经营的小杂货铺里当伙计。他的中学老师很欣赏他的数学才华，鼓励他继续自学数学。

19岁那年，华罗庚突然染上伤寒，此后在腿部留下了残疾。

但他并不悲观、气馁，而是顽强地发奋自学。有一次，他发现一个有名的教授的一篇论文中有错误，一个数值算得不对。于是他把自己的计算结果和看法写成文章，投寄给上海《科学》杂志社。1930年，这篇文章在《科学》杂志上发表，这时华罗庚年仅20岁。就是这篇论文，完全改变了华罗庚以后的生活道路。

当时正在清华大学担任数学系主任的熊庆来，看到了这篇论文后，大为赞赏，到处打听华罗庚是哪个大学的教授，大家都说不知道。

碰巧数学系有位教员知道华罗庚这个人。他告诉熊庆来，说华罗庚并不是什么大学教授，而只是一个自学青年。熊庆来爱才心切，并不在乎学历，当即托人邀请华罗庚来清华大学工作。

1931年，清华大学的工作人员拿着华罗庚寄来的照片，到北京前门火车站去接从浙江来的华罗庚。华罗庚，这位未来的大数学家，当时就是这样拖着残腿、拄着拐杖走进了清华园。起初，他在数学系当助理员，经管收发信函兼打字，并保管图书资料。

他一边工作，一边自学。熊庆来还让他经常跟学生一道去教室听课。勤奋好学的华罗庚只用了一年时间，就把大学数学系的全部课程学完了，学问大有长进。熊庆来对这位年轻人十分器重，有时碰到了复杂的计算也会大声喊道："华罗庚，过来一下，帮我算算这道题！"两年后，华罗庚被破格提升为助教，继而升为讲师。后来，熊庆来又选送他去英国剑桥大学深造。1938年，华罗庚回国，任西南联大教授，当时他才28岁。

华罗庚后来成为世界著名的数学家，在很多领域都作出了卓越的贡献。他的名字被列为当今八十八个数学伟人之一。

41. 小数点的代价

1967年8月23日，前苏联著名宇航员弗拉迪米·科马洛夫一个人驾驶着"联盟一号"宇宙飞船在返回大气层时，突然发生了恶性事故，减速降落伞无法打开，科马洛夫无论怎么操作也无法减慢飞船的速度。地面指挥中心采取了一切可能的措施帮助排除故障，但都无济于事。请示中央，决定将实况向全国人民公布。电视台的播音员以沉重的语调宣布："联盟一号飞船由于无法排除故障，不能减速，两小时后将在着陆基地附近坠毁。我们将目睹宇航英雄科马洛夫遇难。"

科观洛夫的亲人被请到地面指挥台，指挥中心的首长通知科马洛夫与亲人通话。科马洛夫控制着自己的激动："首长，属于我的时间不多了我先把这次飞行的情况向您汇报……"

生命在一分一秒中消逝，科马洛夫目光泰然，态度从容，他整整汇报了几分钟。汇报完毕，国家领导人接过话筒宣布："我代表最高苏维埃向你致以崇高的敬礼，你是苏联的英雄，人民的好儿子……"当问及科马洛夫有什么要求时，科马洛夫眼含热泪："谢谢，谢谢最高苏维埃授予我这个光荣称号，我是一名宇航员，为祖国的宇航事业献身我无怨无悔！"

领导人把话筒递给科马洛夫的老母亲，母亲老泪纵横，心如刀绞，泣不成声。在电视上，观众看到了宇航员科马洛夫镇定自若的形象，他面带微笑地对母亲说："妈妈，您的图像我在这里看得清清楚楚，包括您头上的每根白发，您能看清我吗？"

"能，能看清楚。儿啊，妈妈一切都很好，你放心吧！"她把话筒递给科马洛夫的妻子，科马洛夫给妻子送来一个调皮而又深情的飞吻。

妻子拿着话筒只说了一句话："亲爱的，我好想你！"就泪如雨下，再也说不出话来了。

科马洛夫12岁的女儿接过话筒，泣不成声。科马洛夫微笑着说："女儿，你要坚强，不要哭。""我不哭，爸爸，你是苏联的英雄，我是你的女儿，我一定会坚强地生活。"刚毅的科马洛夫不禁落泪了，科马洛夫叮嘱女儿说："学习时，要认真对待每一个小数点。联盟一号今天发生的一切，就是因为地面检查时忽略了一个小数点……要记住这个日子，以后每年的这个日子要到坟前献一朵花，向爸爸汇报学习情况。"

时间一分一秒地过去，距离宇宙飞船坠毁只有7分钟了，科马洛夫向全国的电视观众挥挥手说："同胞们，请允许我在这茫茫的太空中与你们告别。"永别的时刻到了——飞船坠地，电视图像消失。整个苏联一片肃静，人们纷纷走向街头，向着飞船坠毁的地方默默地哀悼。

这是一次惊心动魄的告别仪式。科马洛夫永远地走了，他留下了对亲人对祖国永恒的爱。但更震撼人心的是他对女儿说的那番话。它警示着人们：对待人生不能有丝毫的马虎，否则，即使是一个细枝末节，也会让你付出沉重的甚至是永远无法弥补的代价。

42. 斐波拉契的兔子

从前，有一个穷光棍，平时只知好吃懒做，不肯踏踏实实做事情，还经常想入非非做发财梦。

一天，他在路边捡到一个鸡蛋，他非常高兴，捧着鸡蛋就在脑子里就盘算开了："我借别人的母鸡把这个蛋孵成小鸡，等小鸡长大了，就可以生蛋，我再把生的蛋孵成鸡，这些鸡又可以生更多的蛋，蛋又可变成更多的鸡……过不了几年，我就可以把蛋和鸡去换许多钱，然后可以盖新房，还可以娶个漂亮媳妇，生儿育女……"

他越想越高兴，不禁得意忘形手舞足蹈，忽听"啪"的一声，鸡蛋掉在地上，碎了！懒汉看着摔碎了的鸡蛋，放声痛哭："哎呀，我的宝贝！我的房子呀！……"

上面这则笑话流传已久，对我们很有教育意义，然而恐怕谁都没有认真计算过：如果鸡蛋没有打碎，几年后这个懒汉究竟有多少只鸡，多少个蛋呢？

不过，公元1202年，一位意大利比萨的商人斐波拉契（约1170～1250年）在他的《算盘全书》（这里的"算盘"指的是计算用沙盘）中提出过一个"养兔问题"，却被无数人算过。这道题说的是：

某人买回一对小兔，一个月后小兔长成大兔。再过一个月，大兔生了一对小兔，以后，每对大兔每月都生一对小兔，小兔一个月后长成大兔。如此下去，问一年后此人共有多少对兔子？

你能算清吗？不少同学恐怕看完题就已经动手算了，而且很快就算出了答案。不过对不对可不敢保证。说实在的，这题要算对并不那么容易，这可要不慌不忙细心地算才行。

通常可以列一个表来算这个题，填了几行后，你就可以总结出几条结论：

（1）每个月的大兔子数就是上个月的兔子总数。（因上个月的小兔这个月都长成大兔）

（2）每个月的小兔子数就是上个月的大兔数。（因上月大兔子这个月都需生一对小兔，而上个月的小兔这个月长成大兔但不生兔子。）由（1）可知：每月小兔数就是前月的兔子总数。

（3）每月兔子总数是当月大、小兔子数的和。由（1）、（2）知每月兔子数就等于上月与前月这两个月兔子数的和。

若记第 n 个月的兔子数为 fn，就有

$f_0 + f_1 = f_2$，$f_1 + f_2 = f_3$，$f_2 + f_3 = f_4$……

一般的，有 $fn-2 + fn-1 = fn$。有了这个规律，填这个表就很容易了。

你看，养一对兔子，一年之后就会发展壮大成了一个养兔场了。

按这个规律，可以把兔子数一直写下去：

1，1，2，3，5，8，13，21，34，55，89，144，233，377，610……

这样得出的一列数就称为"斐波拉契数列。"

波兰数学家史坦因豪斯在其名著《数学万花筒》中提出一个问题：

一棵树一年后长出一条新枝，新枝隔一年后成为老枝，老枝又可每年长出一条新枝，如此下去，十年后新枝将有多少？

这恰好也可以得到"斐波那契数"。

人们从"斐"数出发得到了很多有益的和有趣的结果。比如"斐"数与黄金分割（0.618）的关系，直到现在还在优选法和运输调度理论中起着基本原理的作用。又如种向日葵的农场主在葵花籽的分布规律上发现了"斐"数，乃至好多植物的花瓣叶序上发现的"斐"数奇观形成了至今未解的"叶序之迷"。可见一个"养兔问题"竟揭示了大自然的一个普遍存在的奥秘。

43. 香案

这年，雅典的好些地方流行伤寒症，瘟疫夺去了许多人的生命。劳动群众灾难深重之时，正是财主老爷发财致富之日。赫良辛想出了个馊主意,他把农奴们召集到广场的神庙前。

"阿婆罗神降旨啦!"赫良辛眨眨眼睛,挺挺胸脯,扯着嗓子喊了起来。原来,雅典人信神,这里讲的"阿婆罗神"是专管艺术的太阳神。

"庙里香案年久失修啦,神灵发怒了,才降灾给你们。神灵说,三天之内重做一个正方体形状的香案,神灵息怒后,瘟疫就可以平息了。"

人们似乎有了希望,聚精会神地听着。赫良辛咽了一口唾沫,接着说:

"这样吧!每家摊派一斗粮食,马上送到我家大院,作为重做香案和祈祷的基金……神命难违啊!"

于是,赫良辛家里的粮屯里的粮食多了许多,"生死簿"上又增加了许多冤魂。可是,瘟疫并没有停止,相反,更加厉害了,不断夺去村民的生命。

不久,从赫良辛家里又传出神灵显圣的消息,通知人们第二天到庙前集中。

"啊,神灵又显圣了,这回不知道怎么说呢!"几位老人嘀嘀咕咕,忧心忡忡。

"什么神灵,全是赫良辛玩的鬼!"一个青年捏紧拳头,怒火填膺。

"不听他那一套,我们去找克莱梯斯去!"另一个青年冲口大喊。

克莱梯斯是一位学者,尤其对数学很有研究。这天晚上,几个青年在克莱梯斯家商量了很久,他们想了一个很巧妙的办法。

第二天,人们又在广场上集中了。

赫良辛走上高处,清清嗓子,尖声叫了起来:

"神灵又降旨啦,他嫌香案做得太小,要重做一个,这么办……"

赫良辛正要继续说下去,突然远处几个村民边跑边喊:

"来了,来了,钦差大臣来了,快迎驾呀!"

一个大臣骑着一匹高大的白马,后面跟着几个戎装卫士,很庄重地来到广场。不等大臣下马,赫良辛三步并作两步跑向前,跪在地上连连叩头:

"不知大人驾到,小民未曾远迎,死罪,死罪!"

"起来!"大臣斜视了赫良辛一眼,慢慢地走向庙前。

"这是干什么?"大臣指着农奴们,责问赫良辛。

"这个——那个——瘟疫——"赫良辛结结巴巴,心里有些发慌。

"大人,上回他骗了我们,说神灵发怒,要重做香案。让一家出一斗粮食,可瘟疫不见平息。"一个村民控诉着。

"今天他又说,神灵嫌香案太小,又发怒了,要……"另一个村民脸涨得通红,挥动着拳头。

"接圣旨!"大臣打断了他的话,所有的人都下跪了,尤其是赫良辛显得格外虔诚,他的前额紧紧地贴在地上。大臣说:

"赫良辛的话不错,神灵嫌做的香案太小,要做一个新的。"

村民们一个个抬起头来,疑惑不解地望着大臣。赫良辛也慢慢地挺起身子,除了额上粘的一点黄土外,面部似乎已逐渐恢复平静。

"不过,"大臣继续说着,"这次神灵指定要赫良辛做,香案的形状仍然是正方体,体积要是上次做的二倍。如果三天之内做好这个香案,瘟疫就可逐渐平息,国王将给赫良辛很贵重的奖赏。但是,如果所做的香案不符合要求,那就要处死赫良辛,并把他所有的财产分给农奴。"

赫良辛屏息细听了大臣传达的圣旨,心想这并不是难事,便领旨回家,立即找来木匠动工。起初,他以为只要按上次香案的尺寸,把正方体棱长扩大二倍,就可以了。那晓得木匠照他的意思做出来的正方体香案很大。我们不妨替他算一下:

如果上次正方体的棱长为 a,那么体积应该是 a^3。这次正方体的棱长为2a，体积就应该是：

$(2a)^3 = 8a^3$。

这就是说，新做的香案体积是上次做的8倍，当然不符合要求。赫良辛连忙命令木匠把这个香案改小。但改来改去，不是偏大，就是嫌小。一天，两天过去了，庄园里的树木被砍去了许多。赫良辛对盘剥村民虽然是专家，但对数学却是一窍不通。他不会运用数学原理，先算出欲求的正方体的棱长，然后再按这个尺寸来做香案。

三天过去了，人们又集中在广场庙前。大臣又来了，赫良辛抬不出一个适合要求的香案。他预感到末日的来临，像一只癞皮狗，瘫倒在地上……

聪明机智的克莱梯斯应用数学史上著名的三大几何问题之一"倍积立方问题"，帮助农奴们惩罚了罪行累累的恶人。

所谓"倍积立方问题"，就是要做一个正方体，使它的体积是已知正方体体积的二倍。这个问题对于我们今天初中同学来讲，是不难理解的。设原来正方体棱长为a，所求正方体棱长为x，依题意得：

$x^3 = (2a)^3$。

所求正方体的棱长。即使后来人们开始认识它的时候，还把它叫做"无理"数哩！

44. 他像被神附了体一样

杂草丝中，一座古坟，墓碑已经风化，字迹模糊不清。然而一个奇怪的标帜却隐约地映入人们的眼帘：碑顶部刻着一个等边圆柱以及它内切球的图形。了解数学史的人很快就会知道，这里长眠着古代最伟大的数学家阿基米德，已经有二千多年了。

阿基米德（公元前287—前212年）在数学上的成就很多，其中他最感兴趣的是关于球体积公式的推导，他为了找到球体积的计算方法，先用一个空心的等边圆柱（就是圆柱底面圆的直径正好等于圆柱的高）的容器，里面装满了水。然后把一个直径等于这个圆柱高的球轻轻放进容器，再小心地把溢出的水收集起来，量出水的体积就是球的体积。他经过多次这样的实验，发现球的体积正好等于圆柱容积。假设圆柱底面半径为R，我们不难用公式来验算这个结论。圆柱的体积为

$$V_{圆柱} = \pi R^2 \cdot 2R = 2\pi R^3$$

而 $V_{球} = \pi R^3$

阿基米德非常重视这个发现，嘱咐别人在他死后，能在他墓碑上刻上这个图形。这就是上面所提到的古坟墓碑上所刻的图案。

阿基米德研究数学时聚精会神，可以说是废寝忘食。冬天吃饭时，他常坐在火盆旁，一手端着饭碗，一手在火盆的灰烬里画着几何图形，都忘了吃饭。

有一回，因为一个数学问题没解决，他埋头钻研，一直没空去洗澡，身上很脏，发出一股难闻的气味。家里人硬把他推进浴室。那时候的人有个习惯，洗完澡后要在身上擦香油膏。阿基米德在浴室里洗了好半天都不见出来，家里人感到很奇怪，在门外喊他也不见回音，便推门进去一看，原来他正坐在浴盆旁的凳子上，用手蘸着香油膏在皮肤上划几何图形哩！他研究几何图形时，脸上总是笑呵呵的，嘴里还叽里咕噜，家里人说他像被神附了体一样。

阿基米德为人谦逊，对待科学严肃慎重。他曾说过，他的一切发现别人都会发现，他毫不隐讳自己作品中的错误。他在自己所写的《螺线论》这篇文章中，坦率地承认自己在以前的著作中所犯的某些错误，让读者从中吸取教训。人们非常赞赏他这种高尚的品德。恩格斯夸奖他是对科学作了"精确而有系统研究"的代表人物之一。一位

俄国数学家还在著作中写下了赞美他的诗句：

  这儿阿基米德出现了，

  那古代的哲学家，

  谁也不能和他相比拟，

  他的功绩全世界第一。

45. 数学家巧破杀人案

伽罗华（公元1811—1832年）是法国数学家，十九世纪杰出的数学天才。他生于法国巴黎近郊布伦的一个小村子里，因决斗而卒于巴黎。

鲁柏是伽罗华的好友。一天，伽罗华得知鲁柏被刺的不幸消息，急忙奔赴探询。女看门人告诉伽罗华，警察已勘察过现场，没有发现其它线索，只是看到鲁柏手里紧捏着半块没有吃完的苹果馅饼，令人费解。她认为作案人可能就在公寓内，因为案发前后，她一直在传达室，没有看见有人进公寓来。可是这座四层楼的公寓，每层有15间房，住着100多人，情况比较复杂，这可能是警察到目前还未能破案的原因。

数学家思索着。最后，请女看门人带他到三楼，在314号房门前停了下来，问道：

"这房间是谁住的？"

女看门人答道：

"米塞尔。"

"这人怎样？"

"他爱赌钱，好喝酒，昨天已经搬走了。"

"这个米塞尔就是杀人凶手!"数学家肯定地说。

女看门人非常惊奇,忙问:

"有什么根据?"

数学家分析说:

"鲁柏手里的馅饼就是一条线索。馅饼英语叫 Pie,而希腊语 Pie 就是 π,即通常说的圆周率。人们在计算时,常取 π 的近似值 3.14。鲁柏是一位喜欢数学,善于思考的人,临死时他终于想到用馅饼来暗示凶手所住的房间。"

根据数学家的分析,警方经过侦察,最后逮捕了米塞尔。经审讯,米塞尔承认因赌博输钱,看到鲁柏家里汇来巨款,遂生杀机。

伽罗华从小就受到良好的家庭教育。童年时代,他在母亲的辅导下进行学习。12 岁进入中学读书。起初,他努力学习希腊语和拉丁语。后来,他对数学产生了浓厚的兴趣,以惊人的速度读了许多数学著作。19 岁时,他的数学天才被他的数学教师慧眼发现,在老师的指导下,他深入研究了一些数学理论,并取得了划时代意义的成果。

伽罗华在巴黎高等师范学校读书时,因参加政治斗争,公开反对国王制度,揭露了校长在法国七月政变中的两面行为,又得罪了校长。伽罗华被学校开除,并两次入狱。监狱生活严重摧残了他的健康。

1832 年,伽罗华出狱后,在一所疗养院医疗,由于政治和爱情的纠葛,他又陷进政敌为他设置的一个陷井。在一次决斗中,他身负重伤,第二天便离开了人世。

伽罗华是一位杰出的数学天才,可惜他在人世间仅活了 21 个春秋!他的早逝,无疑是世界数学界的一大损失。

46. 地毯与火柴

一个魔术师拿着一块边长为 8 尺的正方形地毯去找一个地毯匠，要地毯匠把地毯改成长为 13 尺宽为 5 尺的长方形地毯。

地毯匠算了一下，说："你拿来的地毯只有 64 平方尺，而你要我把它改成 65 平方尺的长方形地毯，怎么可能呢？我又不像你，会无中生有变魔术。"

魔术师笑了，"我不是为难你，你照我画的办法剪裁拼接，包你做得成。"魔术师拿出一张图给地毯匠，说："你按我第一张图中的粗线把地毯裁开。然后你再按第二个图就可拼接成一个宽 5 尺长 13 尺的长方形了。"地毯匠横看竖看，始终看不出破绽，但又不敢下剪刀。

这究竟是怎么回事呢？

如果注意到这里涉及的各种图形的外形尺寸主要数据不外乎 3、5、8、13 这四个数，你就可以发现，这些数正是"斐波拉契数"。原来，斐波拉契数 fn 满足规律：

$f_n^2 - f_{n-1} f_{n+1} = (-1)^{n+1}$。

魔术师正利用了这一点企图愚弄地毯匠。但如果你仔细画一个大一点的图，你就可以发现，在拼接宽 5 尺长 13 尺长方形中，中间是有空隙的，这个空隙面积恰好等于 1 平方尺。

现在，大家明白了，这原来是利用斐波拉契数玩的把戏。

那么，如果要问：倘若真按上面的方式，使裁后拼成矩形的面积保持不变，应如何裁呢？拼成矩形长宽又各为多少呢？

设裁成直角边长为 x 及 8 的两个直角三角形及上、下底分别为 x 及 8 − x 的两个梯形，拼成边长为 8 − x 及 16 − x 的矩形。据题意，有

$(8-x)\cdot(16-x)=82$（取"+"号时的根>8，舍去）个长方形地毯条，再把小长方形按对角线裁开成两个直角三角形，而得到直角梯形。这样才能拼接无误。

如果算出 x 及 $8-x$ 的近似值，就可得到答案。

这两个数分别相当地接近3与5。

这个数正是"黄金分割"数。原来，斐波拉契数与黄金分割数有相当密切的关系。

还有一个"火柴游戏"。

有一堆火柴，至少2根，二人轮流从中取，先取的一方可任取，但不允许一次取完。以后取的一方所取火柴数不得超过对方刚才所取火柴的2倍。但每人每次都不能不取。规定取到最后一根者为胜。

如何制胜？有秘诀吗？

如果火柴只有2根，那么，先取者必败。

如果火柴有3根时，先取者败。

如果火柴有4根，先取者可胜。

如果火柴有5根，先取者败。此时先取者第一次取2~4根时，后取者取余下的；先取者取1根时，后取者也只取1根；先取者此时至多取2根，余下的被后取者取完。

如火柴有6根，先取者胜。他只取1根，后取者取1~2根。后取者若取1根时，先取者仍取1根，后取者取1~2根，先取者取余下的，胜。若第二次后取者取2根时，先取者可取余下的，胜。

经过实验，马上知道，若火柴根数是斐波拉契数时，后取者只要掌握窍门必胜；而火柴根数不是斐波拉契数时，先取者只要掌握窍门必胜。

大家可就根数为7、8、9……时设计出取胜的方法验证。这个结论是可以从理论上加以证明的。不过推证起来较为麻烦，这里就从略了。

47. 批注之谜

我们知道，$x+y=z$ 是一个三元一次不定方程，它的正整数解有无穷多个。$x^2+y^2=z^2$ 是一个三元二次不定方程，它的正整数解也有无穷多个。

在初中平面几何中学过勾股定理，根据这个定理，直角三角形三条边的长就满足这个方程。人们必然要问：$x^3+y^3=z^3$、$x^4+y^4=z^4$ 有没有正整数解呢？一般地说来，$x^n+y^n=z^n$（n 是大于 2 的整数）有没有正整数解呢？最早提出这个问题的是法国数学家费尔马（1601～1665）。

公元 1637 年，费尔马经过反复研究，提出了如下的结论：对于方程 $x^n+y^n=z^n$，其中 n 是大于 2 的整数，不存在正整数解。这个结论被人们称为"费尔马大定理"。之所以称为"定理"，是因为当时费尔马声称，他已能证明这个结论。他在一本书的空白之处以批注的形式写道："我已经找到了这个令人惊异的证明，但是书页太窄了，无法把它写出来。"可是，人们此后找遍费尔马的著作，并未能找到批注中所讲的"证明"。

为了解开这个批注之谜，数学家和业余数学爱好者纷纷开展了对这一问题的研究。可是，问题研究了一百多年都没有能够解决。公元 1850 年、1853 年，法兰西科学院两度以二千法郎的奖金悬赏征解，但都失望了。1908 年，德国哥廷根科学院又以十万马克巨金悬赏，征求费尔马大定理的"谜底"。

科学发现的荣誉，高额的悬赏，引得大批业余数学爱好者对这一问题进行研究。不少人还声称得到了"证明"，但经过权威数学家的

"审查"，这些"证明"均一一被否定。哥廷根科学院不堪审稿的烦扰，一方面把奖金降为七万五千马克，另一方面又以仅接受公开发表的文章为由，打发了一大批"证明"者。但这样做的结果又产生了副作用，社会上又出现了成千种公开发行的所谓"费尔马大定理证明"的小册子，以及上万篇同样性质的文章。当然，这只是"费尔马大定理"证明历史长河中的一股支流，应该充分肯定的还是长期来一些优秀数学家所作出的努力和获得的成果：

欧拉（Euler）证明了 $n=3,4$ 的情况；

1823 年，法国数学家勒让得证明了 $n=5$ 的情形；

1840 年，法国数学家拉梅和勒贝格证明了 $n=7$ 的情形；

1849 年，德国数学家库默尔证明了 $n=3\sim100$（37、59、67 除外）的情形，但其中有错误；

1976 年，美国数学家证明了 $2<n<1000000$ 的情形。

当然，以上这些数还包括它们的倍数在内。1983 年，前联邦德国乌珀塔尔大学 29 岁的讲师法尔廷斯（Falitings）证明了数学中的"莫德尔猜想"。这个猜想的一个直接推论是：对任何固定的正整数 n（n>3），$xn+yn=zn$ 至多只有限多组元素的正整数解。

接着，希思—布郎又证明了，对"几乎所有"的 n，费尔马大定理都是成立的。

1988 年 3 月 10 日，美国《波士顿环报》报导，日本数学家宫冈在前联邦德国一数学研究所证明了费尔马大定理。可是时隔仅一个月，美国《科学新闻》及其它一些报刊报道，著名数学家们在检验了宫冈的手稿后证明在细节上是有问题的。

1993 年 6 月 23 日，一个令人震惊的消息在全球传开了——350 年来悬而未决的费尔马大定理终于被 40 岁的英国数学家安德鲁·怀尔斯所解决。

怀尔斯现在美国普林斯顿大学工作，他是一位具有世界水平的数论专家。1993年6月21日～23日，他在故乡英国的剑桥大学艾萨克·牛顿数学研究所一连三天以"模形式的椭圆曲线和伽罗瓦表示"为题进行演讲。开始，谁也看不出他有讨论费尔马大定理的意图。最后那天，在演讲的结尾部分，怀尔斯总结说，他证明了由日本学者谷山丰提出的一个猜想。在场的专家们立刻意识到，这意味着：怀尔斯已经证明了费尔马大定理。

人们纷纷举起相机，抢拍下这一历史的镜头。接着是一片经久不息的掌声。成千上万的祝贺电话、邮件像雪片似地飞来，世界各大报纸竞相报道这一消息。

怀尔斯的证明是否正确？这有待数学家们详细的审查。不过，国际数论权威邦别里、里贝特、梅热、阿德勒曼等均对此表示乐观的态度。这是因为怀尔斯研究作风一向严谨细致，而且他的推理是以近30年来诸多数学家的成果为根据，这些根据都是可靠的。

现在看来，费尔马当初的"批注"，如果不是开玩笑的话，那么，他的"证明"一定是有问题的。因为仅用当时数学知识，是根本无法证明这个定理的。不过，开玩笑也好，犯错误也好，费尔马的"批注"毕竟建立了历史的功勋，因为他吹响了攻克费尔马大定理的进军号。

48. 飞矢不动

养由基是我国古代最有名的射手。他射箭的技术非常高超，如果任意在一棵杨树上指定一片树叶，养由基站在百步之外，弯弓搭箭，"嗖"的一声，这片树叶就被他射穿了。这就是"百步穿杨"的功夫。

有一天，养由基正在表演他的"百步穿杨"绝技，有一个叫芝诺

的希腊人走了过来，笑嘻嘻地说："我今天准保能让你的飞矢不动！"

养由基听了大感不解，说："我射出的箭谁都阻挡不住，你怎么能让它飞着飞着突然就不动了呢？"

芝诺神秘兮兮地说："我说你的箭是根本无法射出的。"

养由基更觉奇怪，"我的弓是最好的弓，箭也是最好的箭，我又是天下无双的射手，怎么可能射不出箭呢？"

芝诺说："那你就听我慢慢说出其中缘故吧。现在假定你张满了弓，搭上了箭，箭头设为点 O，你瞄准了百步之外的杨树叶点 A。你的箭最后要射中点 A，对吗？"

养由基说："当然万无一失要射中的！"

"好，你听着，你的箭要射中 A，必定要先经过线段 OA 的中点 A_1，对吗？"

"对！"

"箭要经过 A_1，又得先经过线段 OA_1 的中点 A_2，对吗？"

"是呀！"

"要经过 A_2，又必须先经过线段 OA_2 的中点 A_3，这也是对的吧？"

"一点也不错。"

"你想想，OA_3 还有中点 A_4，那你的箭又要先经过 A_4 啰"，不等养由基回答，芝诺又说了，"照此下去，要经过点 A_n，都必须先经过 OA_n 的中点 A_{n+1}，这自然是千真万确的，于是 A_1、A_2、A_3……这些点一个比一个更靠近点 O，而每个线段又总是有它的中点，那么，请问，你的箭最先应该经过哪一个点呢？"

养由基这一下抓头了。"是呀，我的箭最先应该经过哪个点呢？这倒真成问题了。我射箭这么多年了，我还真从来没有想过这个问题呢！"

"是呀！"芝诺这一下可神气起来了，"你既然连你的箭首先通过哪个点都找不到，又怎么能让你的箭依次通过后面的那些点呢？"

养由基放下了弓,沉默不语了。

芝诺洋洋得意起来:"现在你该服了吧。所以我说,你的箭是根本射不出去的,这也就是说'飞矢不动'了。"

养由基是中国人,芝诺则是希腊有名的诡辩家,他们当然不会有这番对话,但这个故事却是古代希腊的几个有名的悖论之一。

与这个悖论相似,芝诺还设计了另外一些悖论,"阿其里斯追龟"则又是其中的一个:

据说阿其里斯是跑得非常快的一个人,芝诺却说阿其里斯追不上乌龟。

假定乌龟在阿其里斯前面 10 米,而阿其里斯的速度是乌龟的 10 倍,那么,当阿其里斯跑完 10 米时,乌龟已经前进 1 米,而当阿其里斯再前进 1 米时,乌龟又前进了 0.1 米,仍在阿其里斯前面,阿其里斯再前进 0.1 米,乌龟又前进了 0.01 米……如此下去,乌龟永远在阿其里斯前面,所以尽管阿其里斯跑得飞快,也永远追不上乌龟!

这两则悖论都是似是而非的,由于时间与空间都是连续的,但芝诺却故意把它们分割成不连续的一系列点和一段段的时间,这就导致了错误的发生。但在当时,确实使人难以解释得清。但这些悖论却迫使人们对数学的基础理论进行研究。直到十九世纪,德国数学家康托建立无穷集论后,这些问题才得到了圆满解决。

49. 百枚钱币鼓士气

狄青,是北宋仁宗时期有名的大将。开始,他只是防守陕西保安(现志丹县)的一名士兵。当时,西夏多次打败宋军,后来,狄青主动要求担任先锋出战。他披头散发,带上一个狰狞的面具,带头冲入

敌阵，把敌人打败。由于狄青屡立战功，被提升为将军。

后来，范仲俺召见了狄青，勉励他认真读书。从此狄青刻苦读书，精研兵法。以后打仗更有勇有谋，终因战功显赫被提升为掌管全国军事的枢密使。

这时，南方少数民族的领袖侬智高自立政权，进攻现广西一带地方，占领了大片土地，打了不少胜仗，使北宋朝野震动。宋仁宗派狄青前往征讨，狄青为了克服兵将们畏敌情绪，想出了一个办法。

他立了一个神坛，当着全体将士的面向上苍祷告："如果这次上天保佑，一定能打胜仗，那么，我把手中的一百枚铜钱扔到坛前地上时，钱面（不铸文字的一面）一定全部朝上。"说完，在众目睽睽之下，他把100枚钱全部扔下，结果这100枚钱竟全部朝上。于是全军欢呼，震天动地。狄青命左右取来100枚大钉把钱全部钉在地上，任士兵观看，并说："待破敌凯旋，再来感谢神灵。"

将士们都认定肯定有神灵护佑，所以在战斗中以一当百，奋勇无敌，果然连战皆捷，迅速平定了侬智高的叛乱。

为什么兵士们认为100枚钱全部朝上就一定受到神灵护佑呢？

当我们扔下1枚钱时，钱面可能朝上，也可能朝下，有两种不同结果。

全部朝上，这几乎是不可能的事。而这种可能性微乎其微的事竟然发生了，将士们自然认为是有神灵护佑啰。

这种可能性的计算实际上就是被称为"概率"的一门学科。在现代数学中，概率论是非常有用的，这门学科在现代生产、生活及军事等各个领域中都有广泛的应用。

在概率论的发展过程中，有很多知名的数学家都做过掷钱币的实验，他们反复掷一枚钱币，计算正面出现的次数，结果发现，正面出现的可能很有道理，这就是概率论的"等可能事件"这一内容的实验依据。

现在我们再来看一看，狄青带着部队凯旋回来的情况吧。当狄青命令把100枚钉子拔起时，他的僚属们发现，原来，这些钱币都是狄青特制的，两面都只铸了正面！也就是说，一百枚钱全部朝上是个必然事件。狄青只是利用了人们的思维定势，利用了人们敬畏鬼神的迷信心理，机智地采用偷梁换柱的手法，骗过了他的部下，鼓舞了士气，赢得了胜利。

50. 勇敢的叛逆者

数学史上，曾经有许多伟大的数学家因为他们的思想还不能被当时的人们理解，从而被人们嘲讽辱骂的。康托就是一例，他因为说"整数与偶数一样多"，而被人骂成是"疯子"，他的老师克朗涅克宣布不承认康托是他的学生。

康托激烈地与辱骂他的人争论，自己的精神也受到巨大的刺激，终于不堪忍受，精神崩溃，病死于萨克逊州的一所精神病医院，但他的理论并没有因歧视和咒骂而消亡。如今，他的理论已成为现代数学的基础。

罗巴契夫斯基（1792年－1856年）是俄国数学家。在他之前，人们研究欧几里得的"平行公设"已经有两千多年了。欧几里得在他的《几何原本》中提出了"平行公设"，即：同平面两直线与第三直线相交，若其中一侧的两个内角之和小于二直角，则该两直线必在这一侧相交。这个公设通常被表述为其等价形式：过直线外一点有且只有一条直线与已知直线平行。后世数学家认为这个公设是可以证明的，因此认为不应把它列为公设。于是很多人都设法去证明它，但结果都没能证明。

高斯、罗马契夫斯基和匈牙利的数学家波约几乎同时发现这个公设的独立性，从而可以从抛弃这个公设另以别的结论替代而得出其它的几何学。

高斯虽然是"数学王子"，但他却害怕被人骂做疯子，所以始终不敢发表他的看法。波约把他的想法发表了，但在听说高斯早已有此想法，而自己的想法又没有得到进一步承认时，他也消沉了。只有罗巴契夫斯基挺身而出，发表了自己的研究成果成为一位勇敢的"叛逆者"。在他受到别人的责难与辱骂时，他勇敢地为之战斗。后来，他连教书的权力都被剥夺，生活陷入极端困境，他仍不折不挠，抗争到底，坚信自己的意见是正确的。

现在，他创立的罗巴契夫斯基几何已得到了世界的公认，并成为广义相对论的几何支柱。在罗氏几何学中，过直线外一点可以作不止一条直线与已知直线平行，三角形的三个内角和小于 $180°$……

可以用一个例子来形象地说明：

画一个圆及一条与圆相交的直线 l，圆内还有一个不在已知直线上的点 A，过点 A 而与直线 l 在已知圆内不相交的线有许多条，如果点 A 与直线 l 不动，让圆的半径增大一些，这时，在已知圆内与 l 不相交的直线仍有许多条。如果让圆的半径继续增大，则过 A 而与 l 在已知圆内不相交的直线始终不止一条。当圆的半径大到要多大有多大时，可以想象，过 A 而与直线 l 在这无限大的圆内不相交的直线仍有不止一条。

这个例子在形象上给了罗氏几何的相应公理作了说明。

在罗氏非欧几何之后，又有好几个人根据不同的公理系统推出了好几种非欧几何。其中"黎曼几何"因为在大地测量上获得应用，也同样受到了重视。

在科学的道路上是绝没有平坦大道的，只有那些不畏艰辛、奋力攀登的人才有可能攀上高峰。

51. 麻团的价格

麻团是许多人喜欢吃的点心。食堂计算麻团的成本，50克重的一个麻团所需的油费是1角钱。现在要问，100克重的麻团需要多少油钱？是否应收2角钱？答案是否定的。

50克与100克重的麻团大小不同，但形状一样，都是球体，是相似体。设50克重麻团的"半径"为r_1，100克重麻团的"半径"为r_2。根据相似体的性质，麻团的重量是与它们的体积成正比，而体积又和它们的半径立方之比成正比的。

用油量与麻团的表面积有关。面积越大，用油量越大。再根据相似体的性质，两个相似体表面积与它们半径的平方成正比。

所以收2角钱太多了。

现在我们再换一个问题：一个50克重的鸡蛋壳重5克，那么一个新品种100克重的大鸡蛋壳多重？用类似的方法可以计算出，大鸡蛋壳的重量只有小鸡蛋壳重量的1.6倍。所以买鸡蛋还是买大的好。

由上面计算给我们如下的启发：

大颗粒粮食的出米率要高；

大冬瓜、南瓜削去的皮较少；

千粒重的黄豆、芝麻、花生的出油率高；

大的鱼虾的鳞壳少。

52. 公鸡蛋

从前有一个国王，暴虐任性。一次，他对一位大臣说：

"我吃的鸡蛋都是母鸡生的，现在想尝尝公鸡蛋的滋味，命令你三天内把公鸡蛋找来，我将重赏你；如果三天内找不到公鸡蛋，我就要在第四天的早晨处死你。"

大臣知道厄运将至，但又不敢公开违抗，只有悲伤地离开了朝廷。

三天过去了，大臣无法找到公鸡蛋。最后的一个夜晚，他显得异常烦躁。大臣的小儿子是一个很聪明的少年，看到爸爸如此焦急，知道一定是大祸临头了。便问道：

"爸爸有什么烦闷的事呢？"

"你小孩子家，我讲了又有什么用？"大臣有气无力地回答。

"不，爸爸！告诉我吧，或许我能为你分忧。"少年紧握爸爸的双手，使劲地摇晃着。

大臣深情地望着自己的孩子，终于说出了事情的原委。少年沉思了一会，劝爸爸不要着急，他有办法逢凶化吉。

第四天的一早，少年代替大臣上了朝。

"你爸爸怎么不来呢？"国王问道。

"启禀国王，我爸爸在家生孩子。"少年不慌不忙地回答。

少年的回答引起国王和大臣们一阵哄笑。继而，国王生气了：

"胡说！男人怎么会生孩子？"

"是的，国王。男人是不能生孩子的，正如公鸡不能下蛋一样。"少年抓住时机，一句话说得国王张口结舌，无言相对，最后只好赦免了大臣。

生活中有很多现象是类似的。我们常常根据两个类似系统的某一系统中公认为正确的判断，来对另一系统作出类似的判断，这种方法叫做类比。"公鸡是不会生蛋的"，这是公认的事实，可是国王却违背了这个真理。"公鸡不能生蛋"与"男人不能生孩子"是类似的两个现象。为了证实"公鸡不能生蛋"是正确的，就用"男人不能生孩子"这一公认的事实来类比，从而达到否定国王谬论的目的。

类比的方法在数学中有广泛的应用。平面上三条直线可以围成一个三角形，空间四个平面可以围成一个内面体（三棱锥）。三角形与四面体是两个类似的几何图形，它们之间可以类比。我们从三角形已有性质出发，可以推测四面体是否也有类似的性质。

三角形有3个顶点，四面体有4个顶点；

三角形有3条边，四面体有4个面；

三角形有3个角，四面体有6个二面角。

任何一个三角形都有一个内切圆，任何一个四面体是否也必有一个内切球（与四面体四个面相切的球）？答案是肯定的。

任何一个三角形总有一个外接圆，任何一个四面体是否必有一个外接球（即过四个顶点的球）？答案也是肯定的。

天文学家开普勒曾说过："我珍视类比胜于任何别的东西，它是我最可信赖的老师，它能揭示自然界的秘密，在几何学中它应该是最不容忽视的。"数学家拉普拉斯也说过："甚至在数学里，发现真理的主要工具也是归纳和类比。"让我们在日常生活和数学发现中，更好地发挥类比这个工具的作用吧！

53. 踏雪擒狼

爱因斯坦是本世纪一位卓越的物理学家，被人们誉为"物理学的教皇"。

1879年，爱因斯坦出生在德国。十岁时，他就进了中学。当时，德国处于军国主义的统治下，学校教育也军事化，教师就像军官，动不动就罚学生站，还用戒尺打人。课堂上把一些无穷无尽的死知识硬往学生头脑里塞。小爱因斯坦对这种军营式的生活非常厌烦，他甚至逃学了。

一天，爱因斯坦又到工程师雅谷布那儿去玩，工程师很喜欢这位聪明伶俐的少年。

"叔叔，代数学了有什么用呢？"爱因斯坦面露愁容，突然发问。

这奇怪的问题吸引了雅谷布，他注视着爱因斯坦，一会儿，微笑着说：

"坐下吧！让我来讲个故事给你听。"

听说要讲故事，爱因斯坦很高兴，习惯地坐在工程师的身旁。

"这是一个偏僻的山村。这些日子村里闹狼，弄得鸡犬不宁。一些禽畜被拖走，连三岁的小彼得都被咬伤了。人们恨之入骨，几次进山搜捕，都没有找到狼的踪迹。

初冬，下了一场不大的早雪。可能是饿极了，一条贪婪凶残的大灰狼又闯进村子，被人们发现后仓皇逃跑。村里的猎手埃基伯拉拿起猎枪，沿着狼的足迹，踏雪追踪。

翻过村后的山凹，足印一直伸向后山的树丛，在山腰怪石中消失了。

'啊，有洞！'埃基伯拉警惕地握紧手中猎枪，一步一步地逼近洞口。

'呜……'洞内发出阵阵吼声。这是大灰狼向猎人示威。

'砰！'一枪射向洞内。

'嗖！'一声，大灰狼突然从洞中冲出，夺路而逃。

'砰！'又是一枪，正好击中大灰狼的后腿。

大灰狼倒下了，被埃基伯拉用绳子死死捆住，一点也动弹不得。

大灰狼被捉住了，大家深深地感谢埃基伯拉，赞扬他为民除害，做了一件好事。

猎枪，大灰狼，勇敢的猎人，踏雪追踪，这一切对爱因斯坦来说是多么有吸引力呀！他们比代数课里那些枯燥无味的式子要有趣的多了！然而代数到底有什么用呢？爱因斯坦感到工程师并没有回答他的问题。

"我们代数里也有'大灰狼'"，雅谷布又继续讲了起来。

"方程里的未知数 x 就是我们要逮的'大灰狼'"。雅谷布伸出右手食指向前方指了一下，似乎'大灰狼'就在那里。

"捉大灰狼不容易，解方程也不简单。去分母、脱括号、移项、合并同类项……可是当你经过一番努力，求出方程的解以后，你就会感到有一种说不出的满足和愉快，正好像猎人逮住大灰狼时的心情一样。"

雅谷布站了起来，在屋内踱了几步，转过身来，微弯下腰，面向爱因斯坦，殷切地叮咛：

"方程是代数学的主要内容之一，它是解决应用问题的有力武器。爱因斯坦，希望你像猎人一样，勇敢地拿起这杆'枪'，去学习，去战斗吧！"

雅谷布的故事萌发了爱因斯坦对代数的兴趣，他的智慧之窗打开了。从此，在雅谷布的指导下，他开始兴趣融融地自学起初等数学来，后来还刻苦自学了高等数学，并利用数学这门工具最后成为世界上卓越的物理学家。

54. 数学家的记忆力

我们在日常生活和学习中,每天都要接触大量的事物,其中有些容易记得,有些不容易记得,这是什么原因呢?原来记忆和注意是密切相关的。有些事物虽然经常见面,但未引起思想上的注意,所以过目而忘。反之,在反复观察、研究某一事物过程中,予以高度注意,就容易记得。

我国著名数学家吴文俊教授,整天忙于研究数学,就连自己的生日都记不得。一天,一位客人来拜访他,见面就说:

"听您夫人讲,今天是您的60大寿,特来表示祝贺!"

吴教授听了,若无其事地说:

"噢,是吗?我倒忘记了!"

客人感到迷惑不解,心想:"这位数学家恐怕是老糊涂了,不然怎么连自己的生日都忘了呢?"可是,后来客人发现并非如此,当他俩谈到吴教授所研究的用机器证明几何问题时,客人指着教授所设计的一台机器问道:

"这台机器是什么时候安装好的?"

"去年12月6日。"教授不假思索的回答。

"您在研究用机器证明几何问题方面有哪些进展?"客人又问。

"大的进展谈不上。今年1月11日以前,我为计算机编了300多道'命令'的程序,完成了第一步准备工作。"教授继续回答。

这时,客人十分惊讶地问道:

"吴教授,您自己的生日都记不住,但这几个日子却记得很清楚,这是什么原因?"

吴教授爽朗地笑了：

"我从来不记那些无意义的数字。在我看来，生日，早一天，晚一天，有什么要紧？所以，我的生日，爱人的生日，孩子们的生日，我一概不记，但是有些数字就非记不可，也很容易记。例如，年底，当然是 12 月；而 6 正好是 12 的一半。年初，自然是 1 月，而 1 月 11 日，排成阿拉伯数字是 111，三个 1 连排，很好记。"

爱因斯坦的电话号码是 24361。别人问他怎样记住这个数据的，他回答说：

"两打，再加上 19 的平方。"

波修（1730 年－1814 年）是一本著名的数学和流体力学教程的编写者，他的一位朋友得知他病危的消息后，特地赶到他家去看他。

"病人快咽气了！"医生说。

"他已经不能讲话了！"亲人们呼唤半天，不见一点反应。

"别着急，"客人说，"我有一个办法。"

他走到奄奄一息的波修床前，大声问：

"12 的平方是多少？"

"144！"数学家低声回答，说完这个数字，他就停止了呼吸。

55. 学习数学需要一丝不苟

我们常听到同学说：

"老师，我这题只错了一个符号，怎么算全错？"或者说："小数点错了一位，为什么扣那么多分？"

看来，许多同学对数学学科的特点之一——准确性是缺乏足够的认识的。

一篇作文，主题明确，中心突出，构思严谨，文字优美，虽说有一两个错别字，是缺点，但也无伤大雅，仍不失为一篇好文章。数学则不然，不仅解题思路要正确，具体解题过程也不能出错，差之毫厘，往往失之千里。

从前，医生常推荐儿童和康复的病人多吃菠菜，据说它含有大量的铁质，有养血、补血的功能。

可是，约八九年前，前联邦德国弗里堡大学化学专家劳尔赫在研究化肥对蔬菜的有害作用时，无意中发现，菠菜的实际含铁量并不像宣传的那样高，只有各种教材和手册中所规定数据的十分之一！

劳尔赫感到很诧异，便进一步对多种菠菜叶子反复进行分析化验，从未发现菠菜含铁量比别的蔬菜特别高的情况。于是他探索有关菠菜含铁量高的"神话"是从哪里来的。原来是近百年以前，印刷厂在排版时，把菠菜的含铁量的小数点向右错点了一位，从而使数据扩大了十倍。

前些时，美国芝加哥一个靠养老金生活的老太太，在医院施行一次小手术后回家。两星期后，她接到医院寄来的一张帐单，款数是63440美元。她看到偌大的数字，不禁大惊失色，骇得心脏病猝发，倒地身亡。后来，有人向医院一核对，原来是电脑把小数点的位置放错了，实际上只需要付63.4美元。点错一个小数点，竟要了一条老命。

1962年，美国发射了一艘飞往金星的"航行者一号"太空飞船。根据预测，飞船起飞44分钟后，9800个太阳能装置会自动开始工作，80天后电脑完成对航行的矫正工作。100天后，飞船就可以环绕金星航行，开始拍照，然而，出人意料的是，飞船起飞不到四分钟，就一头栽进大西洋里。

后来经过详细调查，发现在把资料输入电脑时，有一个数据前面的负号给漏掉了。这样，原来的负数变成了正数，使整个飞船的计划就失败了。一个小小的负号，使美国航天局白白耗费了一千万美元，大量的人力和时间。

牛顿曾经说过："在数学中，最微小的误差也不能忽略。"我们平时学习数学，就应该有这种谨慎细心，一丝不苟的态度，严格要求自己，今后参加工作才能有对人民、对事业高度负责的精神。

56. 巧量对角线

初二年级的智力竞赛正在紧张地进行。只见主持人拎出一只铁皮箱子放到桌面上。"同学们，我这儿有一只长方体形状的箱子，还有一把卷尺，你能不能量出对角线 AC 的长度？"

小华立即举手抢答："那不简单，把箱子打开，用卷尺量一量 AC′ 多长就得了！"

主持人："不行啊，你不见箱子上了锁，打不开呀！"

沉默了片刻。

小文举起了手："量一量 A′C′ 的长，再量一量 AA′ 的长。因为角钱 AC′ 的长了！"

主持人："回答正确。我再提一个问题，如果不允许计算，只能量一次，能得到 AC′ 的长度吗？"

怎么办呀？台下许多同学小声议论起来。这时候只见主持人轻轻地推了一下箱子。

有了！小明立刻要求作答："先把箱子对准桌子的两条直角边，记下靠左面的一条底边的位置。再将箱子往左挪，正好挪过一个箱子的宽度，从桌子顶角 M 量到箱子挪好以后的端点 N 上，这个量得的长度即为箱子对角线的长度。"

全场一片掌声！

主持人："漂亮极了。同学们在学习平面几何的时候为了证题，不是常常添置辅助线吗？刚刚解这个问题时移动了箱子，可以理解为添加了一个辅助长方体，是把平面几何的方法类推到空间来，这个方法今后学习立体几何时就会派上用场。"

57. 小欧拉智改羊圈

欧拉是数学史上著名的数学家，他在数论、几何学、天文数学、微积分等好几个数学的分支领域中都取得了出色的成就。不过，这个大数学家在孩提时代却一点也不讨老师的喜欢，他是一个被学校除了名的小学生。

事情是因为星星而引起的。当时，小欧拉在一个教会学校里读书。有一次，他向老师提问，天上有多少颗星星。老师是个神学的信徒，他不知道天上究竟有多少颗星，圣经上也没有回答过。

其实，天上的星星数不清，是无限的。我们的肉眼可见的星星也有几千颗。这个老师不懂装懂，回答欧拉说："天上有多少颗星星，这无关紧要，只要知道天上的星星是上帝镶嵌上去的就够了。"

欧拉感到很奇怪："天那么大，那么高，地上没有扶梯，上帝是怎么把星星一颗一颗镶嵌到天幕上的呢？上帝亲自把它们一颗一颗地放在天幕，他为什么忘记了星星的数目呢？上帝会不会太粗心了呢？"

他向老师提出了心中的疑问，老师又一次被问住了，涨红了脸，不知如何回答才好。老师的心中顿时升起一股怒气，这不仅是因为一个才上学的孩子向老师问出了这样的问题，使老师下不了台，更主要的是，老师把上帝看得高于一切。

小欧拉居然责怪上帝为什么没有记住星星的数目，言外之意是对万能的上帝提出了怀疑。在老师的心目中，这可是个严重的问题。

在欧拉的年代，对上帝是绝对不能怀疑的，人们只能做思想的奴隶，绝对不允许自由思考。小欧拉没有与教会、与上帝"保持一致"，老师就让他离开学校回家。

但是，在小欧拉心中，上帝神圣的光环消失了。他想，上帝是个窝囊废，他怎么连天上的星星也记不住。他又想，上帝是个独裁者，连提出问题都成了罪。他又想，上帝也许是个别人编造出来的家伙，根本就不存在。

回家后无事，他就帮助爸爸放羊，成了一个牧童。他一面放羊，一面读书。他读的书中，有不少数学书。

爸爸的羊群渐渐增多了，达到了 100 只。原来的羊圈有点小了，爸爸决定建造一个新的羊圈。他用尺量出了一块长方形的土地，长 40 米，宽 15 米，他一算，面积正好是 600 平方米，平均每一头羊占地 6 平方米。正打算动工的时候，他发现他的材料只够围 100 米的篱笆，不够用。若要围成长 40 米，宽 15 米的羊圈，其周长将是 110 米（15 + 15 + 40 + 40 = 110）父亲感到很为难，若要按原计划建造，就要再添 10 米长的材料；要是缩小面积，每头羊的面积就会小于 6 平方米。

小欧拉却向父亲说，不用缩小羊圈，也不用担心每头羊的领地会小于原来的计划。他有办法。父亲不相信小欧拉会有办法，听了没有理他。小欧拉急了，大声说，只有稍稍移动一下羊圈的桩子就行了。

父亲听了直摇头，心想：世界上哪有这样便宜的事情？但是，小欧拉却坚持说，他一定能两全齐美。父亲终于同意让儿子试试看。

小欧拉见父亲同意了，站起身来，跑到准备动工的羊圈旁。他以一个木桩为中心，将原来的 40 米边长截短，缩短到 25 米。父亲着急了，说："那怎么成呢？那怎么成呢？这个羊圈太小了，太小了。"小欧拉也不回答，跑到另一条边上，将原来 15 米的边长延长，又增加了

10米，变成了25米。经这样一改，原来计划中的羊圈变成了一个25米边长的正方形。然后，小欧拉很自信地对爸爸说："现在，篱笆也够了，面积也够了。"

父亲照着小欧拉设计的羊圈扎上了篱笆，100米长的篱笆真的够了，不多不少，全部用光。面积也足够了，而且还稍稍大了一些。父亲心里感到非常高兴。孩子比自己聪明，真会动脑筋，将来一定大有出息。

父亲感到让这么聪明的孩子放羊实在是极可惜了。后来，他想办法让小欧拉认识了一个大数学家伯努利。通过这位数学家的推荐，1720年，小欧拉成了巴塞尔大学的大学生。这一年，小欧拉13岁，是这所大学最年轻的大学生。

58. 数学神童维纳的年龄

20世纪著名数学家诺伯特·维纳，从小就智力超常，三岁时就能读写，十四岁时就大学毕业了。几年后，他又通过了博士论文答辩，成为美国哈佛大学的科学博士。

在博士学位的授予仪式上，执行主席看到一脸稚气的维纳，颇为惊讶，于是就当面询问他的年龄。维纳不愧为数学神童，他的回答十分巧妙："我今年岁数的立方是个四位数，岁数的四次方是个六位数，这两个数，刚好把十个数字0、1、2、3、4、5、6、7、8、9全都用上了，不重不漏。这意味着全体数字都向我俯首称臣，预祝我将来在数学领域里一定能干出一番惊天动地的大事业。"

维纳此言一出，四座皆惊，大家都被他的这道妙题深深地吸引住了。整个会场上的人，都在议论他的年龄问题。

其实这个问题不难解答，但是需要一点数字"灵感"。不难发现，21 的立方是四位数，而 22 的立方已经是五位数了，所以维纳的年龄最多是 21 岁；同样道理，18 的四次方是六位数，而 17 的四次方则是五位数了，所以维纳的年龄至少是 18 岁。这样，维纳的年龄只可能是 18、19、20、21 这四个数中的一个。

剩下的工作就是一一筛选了。20 的立方是 8000，有 3 个重复数字 0，不合题意。同理，19 的四次方等于 130321，21 的四次方等于 194481，都不合题意。最后只剩下一个 18，是不是正确答案呢？验算一下，18 的立方等于 5832，四次方等于 104976，恰好"不重不漏"地用完了十个阿拉伯数字，多么完美的组合！

这个年仅 18 岁的少年博士，后来果然成就了一番大事业。他成为信息论的前驱和控制论的奠基人。

59. 没有来的举手

从前，山东省有个大军阀，在一次会议开始时想点点名，了解一下那些人来，那些人没来。可是，到会的人数比较多，点名很费事，于是这个不学无术的军阀就想了一个"办法"，他大声地叫道：

"没有来的人举手！"

他认为没有来的人总是少数，只要知道哪些人没来，来的人无需一一点名就明白了。到会的人面面相觑，都感到莫明其妙。

在数学中，集合是一个重要的基本概念。今天会议应到的人就构成一个集合。其中实到的人是应到的人的一部分。我们就把应到的人叫做"全集"，实到的人叫做它的"子集"。

未到的人也是应到的人的一部分，所以它也是一个子集。实到的人这个子集与未到的人这个子集正好是应到的人这个全集,我们把这两个子集叫做互补的集合。这个军阀为了了解"实到的人"这个子集,转而去了解这个子集的补集——未到的人的集合。这个方法是不错的。不过由于他脱离了实际,结果闹了个大笑话。

补集的思想在我们生活中是常用的。现在是什么时间了?3点差2分。这里不说2点58分,因为3点差2分比较简单明了。我们在电视和小说中也常看到,公安人员侦破案子时,总是逐一地把确证为不可能做案的嫌疑者排除掉,从而缩小嫌疑对象的范围,这里也用到补集的思想。

在小学,学习心算和速算时,补数的用途很多。进位的加法的口诀是"进一减补",退位减法的口诀是"退一加补"。乘法速算用到补数的地方也不少。

9加1得10,9和1可以看成是互补的。仿此,97和3、999和1也是互补的。倒数关系以及初中学的相反数关系,也都可以理解为一种互补的关系。

在几何里,补角和余角,都是互补思想的运用。不过以直角为全集时,两个角的关系不叫互补,而叫互余罢了。

60. 蜜蜂的"语言"

语言和文字是人类交流思想的工具。聋哑人无法说话,只有用手语来代替。动物没有语言和文字,也只有用姿势和叫声来表达自己的感情。

蜜蜂是一种群居的昆虫,它有共同利用蜜源的习性。在探蜜和采蜜的过程中,需要传递信息。在千万年的实践中,蜜蜂创造了自己的

"语言"。

蜜蜂在采集蜂蜜前,先得派出少数"侦察兵"去寻找开花泌蜜的植物群。当"侦察兵"发现花丛后,它得向群蜂表明花丛在何方?距离蜂巢有多远?不了解这些信息,群蜂是无法去采集的。于是,"侦察兵"们就以"舞蹈"的动作来表示食物所在的地方和距离,并引导蜂群前去采集。

在中学所学的坐标系中,除了直角坐标系以外,还有一种极坐标系。那就是先在平面上确定一条射线OX,这条线叫做极轴。如果平面上一点P与O点连线OP与极轴ox的夹角为α,且P点到O点的距离为ρ,那么我们就用(ρ,α)来表示P点的极坐标。这就告诉我们:只要知道某一个角度和距离,就可以确定某一点的位置。蜜蜂本能地运用极坐标的原理,通过舞蹈的动作,巧妙地表达出花丛与蜂巢的距离和方位。

蜜蜂跳的一种"8字形舞"不仅表示距离,而且还指明方向。在一定时间内"8字形舞"的圈数和腹部摆动的次数,就表示蜂巢到花丛的距离。如果以15秒钟作为计时单位,花丛距蜂巢越远,蜜蜂舞蹈的圆圈数就越少,直线爬行的时间就比较长,腹部摆动的次数就比较多。下表是在15秒钟内蜜蜂舞蹈的圈数和腹部摆动的次数以及蜂巢与花丛的距离表:

只知道距离是不够的,蜜蜂在舞蹈时还利用太阳的角度来指示方向。"太阳角"就是以蜂巢为角的顶点,它相当于极坐标中的O点;向太阳方向的射线相当于极轴ox;向花丛方向的射线相当于OP。这时太阳方向与花丛方向就构成一个角(相当于α),这个角就标志着花丛的方向。

如果蜜蜂在舞蹈时,头朝上,从下往上跑直线,这就是说要向着太阳这个方向飞才能找到花丛。按照上述传递信息的方法,蜜蜂就可以根据指定的方向和距离,顺利地找到花丛。

61. 花砖铺设问题

随着人们生活水平的提高,许多人喜欢用装饰用的花砖来铺设地面,这在数学里是一门学问,叫做平面花砖铺设问题,也叫做镶嵌图案问题,即采用单一闭合图形拼合在一起来覆盖一个平面,而图形间没有空隙,也没有重叠。什么样的图形能够满足这样的条件?

我们先来研究正多边形。先看看正方形,这是大家熟悉的图形。很明显,正方形是可以覆盖一个平面的。

再来看看正三角形,正三角形也是可以覆盖一个平面的。

正六边形也是可以覆盖一个平面,这不仅早在古希腊时就为人们所确认,而且昆虫中的蜜蜂就是用正六边形来建造蜂巢的。

为什么正方形、正三角形、正六边形能够覆盖一个平面?因为过每一个正方形公共顶点的正方形有四个,每个正方形的每个内角为90°。

4个90°正好是360°。过每一个正三角形顶点可安排六个正三角形,每个内角60°,共为360°。同样,过每个正六边形顶点有三个正六边形,每个内角为120°,三个内角正好为360°。由此可知,要使正多边形能覆盖平面,必须要求这个正多边形的内角度数能整除360°。

正五边形的每一个内角为108°,108°不能整除360°,所以正五边形不能覆盖平面。不难看出,超出六边的正多边形的每一个内角大于120°,小于180°,都不能整除360°,因此,都不可能覆盖平面。这样看来,能覆盖平面的正多边形只有正方形、正三角形、正六边形三种。

现在,我们来看看不规则的多边形能不能覆盖平面。事实上,任何不规则的三角形和四边形都可以覆盖一个平面。

那么，其它怎样的凸多边形才能覆盖平面呢？1918年，法兰克福大学一位研究生卡尔·莱因哈特曾研究过这个问题。后来发表了论文，确定五种可以拼成平面的凸多边形。例如，他提出如果五边形ABCDE的各边分别为a、b、c、d、e，且c、e两边所对的角C、E满足C+E=180°，又a=c，那么这个五边形就能覆盖平面。

1975年，美国人马丁·加德纳在《科学美国人》这本杂志上开辟了关于镶嵌图案的数学游戏专栏，许多数学家和业余数学爱好者都参加了讨论。其中有一位名叫玛乔里·赖斯的家庭妇女是最热情的参与者之一。

赖斯是五个孩子的妈妈，1939年中学毕业前只学过一点简单的数学，没有受过正规的数学专业教育。她除了研究正多边形的拼镶问题以外，还研究了一般五边形。她独立地发现了一种五边形，并且向加德纳报告了这一发现："我认为两条边长为黄金分割的一种封闭五边形可以构成令人满意的布局。"加德纳充分肯定了赖斯的研究成果，并把她介绍给一位对数学与艺术的和谐具有职业兴趣的数学家多里斯·沙特斯奈德。在沙特斯奈德的鼓励下，赖斯又发现了解决拼镶问题的另外几种五边形，而使这样的五边形达到13种。

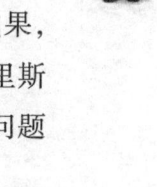

赖斯的家务很忙，但这没有影响她研究的热情。她对人说："在繁忙的圣诞节，家务占据了我大量的时间，但只要一有空，我便去研究拼镶问题。没人时，我就在厨房灶台上画起图案来。一有人来，我就急忙地把图案盖上。因为我不愿意让别人知道我在研究什么。"

62. 找零钱

一家手杖店来了一个顾客，买了30元一根的手杖。他拿出一张

50元的票子，要求找钱。

店里正巧没有零钱，店主到邻居处把50元的票子换成零钱，给了顾客20元的找头。

顾客刚走，邻居慌慌张张地奔来，说这张50元的票子是假的。店主不得已向邻居赔偿了50元。随后出门去追那个顾客，并把他抓住说："你这个骗子，我赔给邻居50元，又给你找零头20元，你又拿走了一根手杖，你得赔偿我100元的损失。"

这个顾客却说："一根手杖的费用就是邻居给你换零钱时你留下的30元，因此我只拿了你70元。"

请你计算一下，手杖店真正的损失是多少？这里要补充一下，手杖的成本是20元。如果这个顾客行骗成功，那么共骗得了多少钱？

63. 唐僧取经

一天，唐僧想考考三个徒弟的数学水平，于是他把徒弟们叫到面前，说："徒儿们，现在我在地上写3个数，你们谁能准确读出来，我就把真经传给他。"

唐僧首先写出：23456。猪八戒迫不及待地说："这个读二三四五六！"唐僧摇了摇头，说："八戒，多位数的读法是有规律的。每个数字从右到左依次为个位、十位、百位、千位和万位。只要从左到右把每个数字读出来，并在后面加上万、千、百、十就可以了，只是需要注意，最后一个数字不要读'个'。所以，23456读作二万三千四百五十六。"

唐僧又写出：130567。孙悟空马上说："这太容易了，读作十三万零千五百六十七。"唐僧又摇了摇头，说："遇到0，要特别注意，当一串数中间有0时,只要读零就可以了,它后面的数位不要读出来。所以这个数应该读作十三万零五百六十七。"

第三个数是120034。沙和尚想了想说:"应该读作十二万零零三十四。"唐僧叹了口气,说:"如果一串数中有连续的几个零,读一个就可以了。所以这个数要读成十二万零三十四。徒儿们,你们的数学都学得不太好,还得继续努力呀,真经暂时不能传给你们呀!"

64. 数字兄弟

有一天,数字0和5俩兄弟一起出去玩。

0弟弟说:"咱们一起拍张合影吧!"

5哥哥说:"好啊。"

"+"号听到了,说:"我来帮你们拍照!"

于是,它们便忙了起来,"+"号把它们按不同的位置拍了两张,就送到"="号彩印冲洗店。

照片洗出来后,"="号伸手向0和5要钱,它们俩呆呆地望着对方,自言自语说给多少呢?

"="号得意的说:"50呗,你看你们俩"5"在前,"0"在后站在一起不就是50吗?"

0和5想了想说:"那要"0"在前,"5"在后站在一起是05,那给多少钱啊?"

这时"+"号走过来说:"'='号老弟你错了,任何数和0相加都等于任何数,不存在位置关系,所以5+0、0+5都等于5,你应该收它们5元钱才对呀!"

小朋友,你明白了吗?

65 "摸球游戏"与概率论

大约十年前,在北京西直门立交桥附近,曾有一个摆摊摸球的人。当时围观的人们觉得很新鲜,曾有很多人参与摸球。现在看来,这不过是一个小型的赌博游戏罢了。

这个游戏的规则很简单:他先摆出了 12 个台球一般大小的小球,其中有 6 个红色球和 6 个白色球。当着观众的面,他把所有 12 个色球装进一个普通的布袋中,然后怂恿大家来摸。怎么个摸法呢?就是从这个装有 12 个球的布袋中,随便摸出 6 个球来,看看其中有几个是红球,有几个是白球。当然,摸球者只能把手伸进袋口中把球一个一个地掏出来,而不能打开袋口看着摸。

这位摆摊的人,还设立了各种情况下的奖励方案,大致是这样的:如果谁有幸摸出了"6 个红球"或者"6 个白球",那么摸者可以得到 3 元钱的奖励;如果摸出的是"5 红 1 白"或者"5 白 1 红",那么摸者可以得到 2 元钱的奖励;如果摸出的是"4 红 2 白"或者"4 白 2 红",那么摸者可以得到 1 元钱的奖励;但如果摸出的是"3 红 3 白",对不起,摸球者必须付给摆摊者 3 元。

当时的围观者甚众。乍一看来,在可能出现的所有 7 种情况中,竟然有 6 种可以得到奖励,只有唯一 1 种情况要"挨罚",很多人便欣然参与。

奇怪的是,"3 红 3 白"的情况特别的多,也许摸个一两次,能撞个大运,摸个"4 红 2 白"或者"4 白 2 红",赢下寥寥几元钱,但如果连摸五次以上,几乎是必"赔"的。一天下来,最为得意的当然是那个摆摊者。

有些赔钱的人肯定会有这种疑问:"为什么摸出来的6个球,总是3红3白呢?是不是这个摆摊的人有点特异功能,施了魔法呢?"

当然不是。这是数学中的"概率"所左右的结果。

大家都知道,根据排列组合的知识,从12个球中摸出6个球,总的方法数为:

其中"6红"或者"6白"的情况,都仅有唯一的1种,按照概率论计算,就是1/924的出现概率,真是太低了,在概率论中可以算作"实际上不可能发生"的小概率事件。

容易计算出"5红1白"或者"5白1红"的情况各是:

两种情况加起来就是72种,也就是出现总概率为72/924 = 6/77,还不到1/11,也够低的。所以这两种情况也难得出现。

出现"4红2白"或者"4白2红"的情况各是:

两种情况加起来就是450种,也就是出现总概率为450/924 = 75/154,将近1/2,也就是有一半的可能性。不过这两种情况每次都只能赢回1元钱。

最后我们来看看"3红3白"的情况:

所以,摸到"3红3白"的概率,就是400/924 = 100/231,虽然比上面那两种情况的可能性稍低,但也是将近一半的可能性。尤其一旦摸到"3红3白",一次就会损失掉3元钱。

根据上面的分析,我们可以得到如下结论:最有可能出现的三种情况是"3红3白"、"4红2白"和"4白2红",而且出现"3红3白"的概率接近1/2,出现"4红2白"和"4白2红"的概率都接近1/4。

也就是说,一般来讲,如果志愿者摸了四回,往往其中的两回都是"3红3白"(共赔6元),另外各有一次是"4红2白"和"4白2红"(共赚2元)。算下总账,4次摸球的结果,一般要赔进4元钱。

看来,参与摸球的人多半是会赔本的,而且摸的次数越多,赔出

的钱也就越多。

看来，这位摆摊者巧妙地利用了概率论，成为不变的赢家。以后再遇到这种人，大家可千万不要上当啊!

66. 对数的创立

对数是中学初等数学中的重要内容，那么当初是谁首创"对数"这种高级运算的呢？在数学史上，一般认为对数的发明者是十六世纪末到十七世纪初的苏格兰数学家——纳皮尔（*1550 年 – 1617 年*）男爵。

在纳皮尔所处的年代，哥白尼的"太阳中心说"刚刚开始流行，这导致天文学成为当时的热门学科。可是由于当时常量数学的局限性，天文学家们不得不花费很大的精力去计算那些繁杂的"天文数字"，因此浪费了若干年甚至毕生的宝贵时间。纳皮尔也是当时的一位天文爱好者，为了简化计算，他多年潜心研究大数字的计算技术，终于独立发明了对数。

当然，纳皮尔所发明的对数，在形式上与现代数学中的对数理论并不完全一样。在纳皮尔那个时代，"指数"这个概念还尚未形成，因此纳皮尔并不是像线性代数课本中那样，通过指数来引出对数，而是通过研究直线运动得出对数概念的。

那么，当时纳皮尔所发明的对数运算，是怎么一回事呢？在那个时代，计算多位数之间的乘积，还是十分复杂的运算，因此纳皮尔首先发明了一种计算特殊多位数之间乘积的方法。让我们来看看下面这个例子：

0、1、2、3、4、5、6、7、8、9、10、11、12、13、14……

1、2、4、8、16、32、64、128、256、512、1024、2048、4096、8192、16384……

这两行数字之间的关系是极为明确的：第一行表示2的指数，第二行表示2的对应幂。如果我们要计算第二行中两个数的乘积，可以通过第一行对应数字的加和来实现。

比如，计算64×256的值，就可以先查询第一行的对应数字：64对应6，256对应8；然后再把第一行中的对应数字加和起来：$6+8=14$；第一行中的14，对应第二行中的16384，所以有：$64\times 256=16384$。

纳皮尔的这种计算方法，实际上已经完全是现代数学中"对数运算"的思想了。回忆一下，我们在中学学习"运用对数简化计算"的时候，采用的不正是这种思路吗：计算两个复杂数的乘积，先查《常用对数表》，找到这两个复杂数的常用对数，再把这两个常用对数值相加，再通过《常用对数的反对数表》查出加和值的反对数值，就是原先那两个复杂数的乘积了。这种"化乘除为加减"，从而达到简化计算的思路，不正是对数运算的明显特征吗？

经过多年的探索，纳皮尔男爵于1614年出版了他的名著《奇妙的对数定律说明书》，向世人公布了他的这项发明，并且解释了这项发明的特点。

所以，纳皮尔是当之无愧的"对数缔造者"，理应在数学史上享有这份殊荣。伟大的导师恩格斯在他的著作《自然辩证法》中，曾经把笛卡尔的坐标、纳皮尔的对数、牛顿和莱布尼兹的微积分共同称为十七世纪的三大数学发明。法国著名的数学家、天文学家拉普拉斯（PierreSimonLaplace，1749年－1827年）曾说："对数，可以缩短计算时间，在实效上等于把天文学家的寿命延长了许多倍。"

67. 大战食数兽

一天数学王国突然闯进一个三条腿怪兽，吓得数字公民纷纷逃走。怪兽张开血盆大口，一口吞下数24。接着它又吞吃了另一个数44。奇怪的是，怪兽却没有吃数5。

数学王国最高统治者零国王连夜和数1大臣商量对策。数14首先迎战怪兽。怪兽力大无比，数14被摔昏过去。数6和数35举起弓箭，连连发射，可是一点也伤不着怪兽。数100挺枪冲向怪兽。怪兽张开大嘴，一口吃了数100，吓得数6、数35扶起数14赶紧逃窜。

第二天，聪明的数1大臣想出了一个法子，派数60去迎战怪兽。数60见怪兽冲了过来倒地一滚，变成了数2和数30，因为$2 \times 30 = 60$。怪兽一见掉头跑了。数60连忙又变成数12和数5，因为$12 \times 5 = 60$。怪兽见状掉转头又冲了过来。这时侦探数7回来报告说："怪兽名叫食数兽。为了长出第4条腿，它专吃含因数4的数。"

零国王和数1大臣连夜商量对策，第二天，零国王亲自出战与怪兽大战起来。

怪兽吞下零国王，倒地就死了。不一会儿，零国王领着几个数字公民全走了出来。

原来零国王钻进怪兽肚子里，和这三个数作了连乘，结果都变成了0，怪兽就饿死了。众人听了，齐声称赞零国王既勇敢又聪明。

68. 华罗庚与帽子

华罗庚出生在一个摆杂货店的家庭，从小体弱多病，但他凭借自己一股坚强的毅力和崇高的追求，终于成为一代数学宗师。

少年时期的华罗庚就特别爱好数学，但数学成绩并不突出。19 岁那年，一篇出色的文章惊动了当时著名的数学家熊庆来。从此在熊庆来先生的引导下，走上了研究数学的道路。晚年为了国家经济建设，把纯粹数学推广应用到工农业生产中，为祖国建设事业奋斗终生！

华爷爷悉心栽培年轻一代，让青年数学家茁壮成长，使他们脱颖而出，工作之余还不忘给青少年朋友写一些科普读物。下面就是华罗庚爷爷曾经介绍给同学们的一个有趣的数学游戏：

有位老师，想辨别他的 3 个学生谁更聪明。他采用如下的方法：事先准备好 3 顶白帽子，2 顶黑帽子，让他们看到；然后，叫他们闭上眼睛，分别戴上帽子，藏起剩下的 2 顶帽子；最后，叫他们睁开眼，看着别人的帽子，说出自己所戴帽子的颜色。

3 个学生互相看了看，都踌躇了一会，并异口同声地说出自己戴的是白帽子。

聪明的小读者，想想看，他们是怎么知道帽子颜色的呢？为了解决上面的问题，我们先考虑"2 人 1 顶黑帽，2 顶白帽"问题。因为，黑帽只有 1 顶，我戴了，对方立刻会说自己戴的是白帽。但他踌躇了一会，可见我戴的是白帽。

这样，"3 人 2 顶黑帽，3 顶白帽"的问题也就容易解决了。假设我戴的是黑帽子，则他们 2 人就变成"2 人 1 顶黑帽，2 顶白帽"问题，他们可以立刻回答出来，但他们都踌躇了一会，这就说明，我戴的是白帽子。3人经过同样的思考，于是，都推出自己戴的是白帽子。看到这里，同学们可能会拍手称妙吧。

后来，华爷爷还将原来的问题复杂化，"n个人，(n-1)顶黑帽子，若干（不少于n）顶白帽子"的问题怎样解决呢？运用同样的方法，便可迎刃而解。他并告诫我们：复杂的问题要善于"退"，足够地"退"，"退"到最原始而不失去重要性的地方，是学好数学的一个诀窍。

69. 用字母代替数

幼儿学数，总是和量连在一起的。比如：2个苹果，3支铅笔。到了小学，已经不满足于具体的量了，而喜欢学比较抽象的数。这时，2不仅可以表示"2只苹果"，还可以表示"2本书"、"2个小孩"等等，它的意义更广泛了。所以，从量到数，是认识上的一次飞跃。

到了初中，我们又不满足于具体的数了，需要进一步的抽象化。

老奶奶给小孙孙讲故事，常喜欢这样开头：

"从前……"

小孙孙听故事时，感兴趣的是故事的情节，而并不很关心故事发生的具体时间，从来也不追问：

"从前——是哪一年，哪一月？"

老师对同学进行文明礼貌教育：

"在公共汽车上见到老人应该让座。"这意思大家一听就明白，从来没人追问：

"这老人是70岁吗？"

"是80岁吗？"

在这里,重要的是说明要注意礼貌这件事。至于老人具体多大年纪,不必去追究。

日常生活中,我们常常需要超越具体的数量,一般地去表示某个量。上面讲的"从前"、"老人"都属于这种情况。这时,一般的表示比具体的表示具有更重要更普遍的意义。例如,乘法交换律是这样说的:"两个数相乘,可以交换它们的位置,乘积不变。"这可以用公式

a×b=b×a

来表示。这里 a、b 表示什么数?可以是整数,也可以是分数;可以是正数,也可以是负数,还可以为0。

数是用一个单位去量它的同类量而得到的结果,它的特点是抽象。正因为抽象,所以用处就更大。而字母又是数的进一步抽象,它可以更加一般地表示数以及数与数之间的运算规律。如果说一个数可以表示无穷多个有实际内容的量,那么,一个字母就可以表示无穷多个有实际意义的数,它的作用可说是无限的。

学会用字母代替数,我们就可以用字母表示以下的数学内容:

数学公式:如面积公式:

s = ab(长方形);

s = πr²(圆)。

数学性质:如分式的基本性质可以表示成 $\dfrac{A}{B} = \dfrac{A \times C}{B \times C}$,$\dfrac{A}{B} = \dfrac{A \div C}{B \div C}$ (B、C≠0)

数学法则:如分式加法法则可以表示为 $\dfrac{A}{B} \pm \dfrac{C}{D} = \dfrac{AD \pm CB}{BD}$

数学关系:如相等关系 3x - 5 = 0,正比例关系 y = kx(k≠0)等等。

代数,不妨理解为"用字母代替数",这正体现出代数比算术更高明。

70. 孙悟空大战牛魔王

唐僧与悟空等师徒四人上西天取经，晓行夜宿，行至火焰山，山口热浪滚滚，无法通过。悟空从土地爷那里得知，只有铁扇公主的芭蕉扇，方能扇灭烈火。

悟空费尽心机，好不容易借得芭蕉扇，又被铁扇公主的丈夫牛魔王骗去。于是悟空与牛魔王展开了一场大战。

牛魔王不是孙悟空的对手，力倦神疲，败阵而逃。可是，牛魔王不简单，他会变。他见悟空紧紧追赶，便随身变成一只白鹤，腾空飞去。悟空一见，立刻变成一只丹凤，紧追上去。

牛魔王一想：凤是百鸟之王，我这只白鹤哪里斗得过这个丹凤?!他无可奈何，只好飞下山崖，变作一只香獐，装着悠闲的样子，在崖前吃草。悟空心里想：好牛精，你休想混过我老孙的火眼金睛！他马上变作一只恶虎，猛扑过去。牛魔王心慌，赶快变了个狮子，来擒拿恶虎。悟空看得分明，就地一滚，变成一只巨象，撒开长鼻，去卷那头狮子。

牛魔王拿出绝招，现出原形，原来是一头大白牛。这白牛两角坚似铁塔，身高八千余丈，力大无穷。他对悟空说：

"你还能把我怎样？"

只见悟空弯腰躬身，大喝一声"长"！立即身高万丈，手持大铁棒朝牛魔王打去。牛魔王见势不妙，只好复了本相，急忙逃去。

孙悟空与牛魔王杀得惊天动地，惊动了天上的众神，前来帮助围困牛魔王。

牛魔王困兽犹斗，又变成一头大白牛；用铁角猛顶托塔天王，被哪吒用火轮烧得大声吼叫，最后被天王用照妖镜照定，动弹不得，只得连声求饶，献出芭蕉扇，扇灭火焰山烈火，唐僧四人翻越山岭，继续往西天取经。

这段故事很吸引人，而且它和初中代数中所学的函数概念有关。

首先，就从这个"变"字谈起。孙悟空和牛魔王都神通广大，都能变。他们能变飞禽、走兽，大喝一声，身躯能"顶天立地"，也可变成一个小虫儿。

当然，这些都是神话，不是真情实事。不过，世界上一切事物的确无有不在变化着的。既然物质在变化，表示它们量的大小的数，自然也要随着而变化了。这就告诉我们，要从变化的观点来研究数和量以及它们之间的关系。

其次，我们再来看一看，是不是所有的量在任何情况下，都始终变化着的呢？不是的。研究问题的某个特定过程中，在一定的范围内，有的数量是保持不变的，或者，虽然它也在变，但变化微小，我们把它看成是不变的，还是用唐僧师徒来做例子。

孙悟空的本事最大，能七十二变；唐僧最没用，一点儿也不会变，所以妖怪一看就认得他，都想吃他的肉。在代数中，把研究某一问题过程中不断变化着的量叫做变量，孙悟空就好像是一个"变量"；把一定范围内保持不变的量叫做常量，唐僧就好像是一个"常量"。

另外，我们再来看一看，变量与变量之间有没有什么联系。变量并不是孤立地在那里变，在变化过程中，变量之间有着密切的联系和制约，仍以上面这段故事来说，孙悟空和牛魔王各显神通都在变。

牛魔王变成一只白鹤，孙悟空随着变成一只巨象；牛魔王变成身高八千余丈的大白牛，孙悟空又随着变得身高万丈……这里，牛魔王总是先变，他变的目的总是想千方百计逃跑；孙悟空是随着牛魔王的变化而变化的，而且这种变化又是有一定原则的。

牛魔王变个什么，孙悟空就相应变个能制服牛魔王的什么。在代数中，我们把这种首先变化的量叫做自变量，把随着自变量的变化而变的量叫做函数。把函数随着自变量的变化而变所遵循的一定原则叫做函数的对应关系。像上面讲的，孙悟空就好像是牛魔王的"函数"，他是随着牛魔王的变化而变化的。

这样看来，《西游记》和我们的数学还很有关系哩！其实，只要我们留意，到处都充满着数学的原理。

71. 狐狸致瘸

小熊第二天早上没敢去取鹿肉，怕中了猎人的圈套。第三天一大早，小熊冒着刺骨的寒风跑去一看，鹿肉没了。小熊找了半天，一点影儿也没有，他垂头丧气地往家走。

小猴灵灵从树上跳下来对小熊做了个鬼脸，问："小熊，怎么啦？怎么这样无精打采的？"

"别提了……"小熊把前天狐狸算卦的事原原本本地说了一遍。

"哈哈……"小猴笑得直不起腰。

"你笑什么？人家把鹿肉丢了，你却幸灾乐祸！"小熊有点生气了。

小猴说："你上了狐狸的当啦！昨天一早，我看见狐狸叼了一大块肉从树底下跑了过去。"

"不会吧！"小熊不信狐狸会骗他，说，"这一切都是算出来的，哪会是假的？"

小猴说："你不信，我来让你算一个数。你把你的出生年份、离开你母亲的年份、你现在的年龄、你离开你母亲独立生活的年数，这4个数加起来，看看得多少。"

小熊在地上写着，还没等小熊算完，小猴脱口说出："等于3986，对不对？"

"对！你怎么算得这样快？"小熊惊呆了。

小猴说："根本用不着算，你只要把今年的年份1993乘以2，就得3986。"

小熊一试，1993×2=3986，一点不差！

小猴说："不管谁，把与他有关的这4个数相加，一定得3986，不信你试试！"

小熊摸着脑袋，自言自语地说："这是什么道理呢？"

"道理也很简单。"小猴解释说，"一个动物出生年份加上现在年龄，一定等于1993，因为今年是1993年呀；离开母亲就是独立生活了，因此，离开母亲年份加上独立生活年数，一定也等于1993。两个1993相加，当然等于3986喽！狐狸让你算的数都是事先编好的。"

小熊明白了，他把拳头攥得咯咯直响，大吼一声说："好个坏狐狸，你用数学来骗我，看我怎样收拾你！"

小熊来到了狐狸的家，一脚把门踹开，狐狸正在屋里大啃鹿肉。小熊上去三拳两脚，把狐狸打得屁滚尿流，特别是狐狸的左后腿被小熊一脚踢断，他变成了一只瘸腿狐狸，瘸腿狐狸也不会干好事的。

72. 独眼狼王

瘸腿狐狸紧紧抓住了啄木鸟的长嘴。他冷笑着说："在我肚子上啄9个洞？你啄1个洞我就完蛋啦！我要把你撕着吃啦！"

瘸腿狐狸刚要动手，只觉得脖子上一紧，身子立刻腾空。瘸腿狐狸大喊"救命"，回头一看，吓出一身冷汗，原来是大象用长鼻子卷住他的脖子，把他举到了半空中。

大象愤怒地说："把啄木鸟放了！不然的话，我就把你摔死！"

瘸腿狐狸心里不服气，他翻着白眼问："啄木鸟是我的仇人，我找他算账，和你有什么关系？"

大象说："你知道啄木鸟救活过多少棵树吗？你算算啄木鸟1个月吃掉多少只害虫！"

狐狸说："也就是十只八只的。"

大象说："啄木鸟每个月吃掉的害虫数，是一个三位数。它减去7，得数就能被7整除；减去8，得数就能被8整除；减去9，得数就能被9整除。你说说啄木鸟1个月吃掉多少害虫？"

瘸腿狐狸哀求说："你先把我放了，你勒着我的脖子，我说不出话来。"

大象说："你喊一、二、三，你放啄木鸟，我放开你！"

狐狸点头说："好，好。一、二、三。"狐狸先把啄木鸟放了，大象也放了狐狸。

狐狸刚要走，大象一伸长鼻子把他拦住了。大象说："我出的问题，你还没做出来哪！"

瘸腿狐狸笑了笑说："我给忘了，这个问题好解决。这个三位数减去7得数能被7整除，说明这个三位数是7的倍数。同样道理，这个三位数也是8的倍数，也一定是9的倍数。符合这个条件最小的数应该是7×8×9，而7×8×9=504，好了，这504就符合要求。这只啄木鸟1个月可以消灭504只害虫，真不少！"

"拜拜！"瘸腿狐狸转身又要走。

"站住！"大象又一次拦住了狐狸。大象说："你要保证今后不再坑蒙拐骗，否则我还要把你摔死！"

瘸腿狐狸哭丧着脸说："你不让我坑蒙拐骗，我怎么生活呀！"

大象大叫了一声，举起长鼻子就要去卷瘸腿狐狸。

突然，有人高喊："谁敢伤害狐狸大哥！"话音刚落，从大树后面蹿出一条大灰狼，他只有一只眼睛。

瘸腿狐狸惊叫了一声："是独眼狼王！"

"狐狸大哥，你快走！我来对付大象。"说完，独眼狼王就向大象扑去。

73. 肚里生虫

善良的小松鼠救活了瘸腿狐狸，他却恩将仇报，张嘴要吃掉小松鼠。小松鼠一下子惊呆了，站在那儿不动。

瘸腿狐狸正要享用这顿美餐，突然，屁股好像被锥子扎了一下，痛得他蹦起来好高。狐狸回头一看，原来是啄木鸟在自己屁股上啄了一个洞。

瘸腿狐狸大叫："你为什么啄我？"

啄木鸟说："我发现你肚子里全是坏虫，想把这些坏虫子替你取出来。"

"真的？"瘸腿狐狸半信半疑。

"不信，你看！"啄木鸟像变魔术一样，从瘸腿狐狸身上叼起一条大虫子。

瘸腿狐狸看见了活虫子，心里十分害怕。

他问："你说我肚子里会有多少条虫子？"

啄木鸟想了一下说："是最小的五位数与最大的三位数的差。"

瘸腿狐狸眉头一皱，说："最小的五位数是 10000，而最大的三位数是 999。它们的差是 10000－999＝9001。我的妈呀！我肚子里有 9001 条坏虫！"

啄木鸟严肃地指出："如果不及早把这些坏虫取出来，它们死后会变成坏水的！"

瘸腿狐狸一捂肚子说："我不就有一肚子坏水了吗？啄木鸟快救救我！"

啄木鸟认真地看了看瘸腿狐狸的肚子说："由于你肚子里坏虫太多，我必须在你肚子上啄开15个洞，好从洞中取坏虫。"

"啊！"瘸腿狐狸吓了一大跳，他装出一副可怜相，哀求说："请你行行好，少啄几个洞行不行？"

啄木鸟面露难色，过了一会儿说："最少要啄9个洞，不过要求每3个洞排成一行，一共要排出8行才管用。"

"成，成，谁不知我瘸腿狐狸聪明过人！我这就排。"狐狸在地上左画画右画画，还真让他画出来了。

瘸腿狐狸得意地说："看，我排出来了。9个洞，3个洞一行，一共8行。"

啄木鸟点点头说："你还算聪明。你赶快仰面躺好，我开始在你肚子上啄洞取虫了。"

瘸腿狐狸眼珠一转，心想：在我肚子上啄出9个大洞，即使把坏虫取出来了，我也完蛋了！嗯，这其中有诈！

瘸腿狐狸仰面躺好，说："啄木鸟，你可慢点啄呀！我肚子里没食，除了坏虫没别的东西啦！"

"放心吧！人家都称我为树木的医生，不会有问题。"啄木鸟瞄准了他肚脐眼儿上面一点的地方，猛地啄了下去。

说时迟，那时快，在啄木鸟的尖嘴刚要啄到肚皮时，瘸腿狐狸用前爪紧紧抓住了啄木鸟的嘴。

瘸腿狐狸"嘿嘿"一阵冷笑，说："看你往哪儿跑！"

74. 围剿兔子村

独眼狼王把瘸腿狐狸从象鼻子底下救了出来。

瘸腿狐狸抹着眼泪说:"要不是狼老弟来救我,我早就粉身碎骨了!"

独眼狼王拍着狐狸的肩膀说:"像狐狸老兄这样足智多谋的动物,世界上也不多见。今后咱俩合作,我有勇,你有谋,天下无敌!哈哈!"

瘸腿狐狸说:"咱俩先弄点吃的,填饱肚子要紧。"

"对!"独眼狼王说,"树林东头有一个兔子村,住有5家,共有15只兔子。"

瘸腿狐狸一听这么多兔子,眼睛一亮,问:"这么说每家都有3只兔子喽?"

独眼狼王摇摇头说:"不,不。每家的兔子数都不一样,至于每家有多少只兔子,我可不知道。"

"可以算出来嘛!"瘸腿狐狸一副胸有成竹的样子,他清了清嗓子说,"我用试算法来算,此乃数学之大法,玄妙至极!"瘸腿狐狸几句话,说得独眼狼王晕乎乎的。

瘸腿狐狸说:"由于每家都有兔子,而每家的兔子数又都不一样,可以假设这5家的兔子数分别是1只、2只、3只、4只、5只。1+2+3+4+5=15,正合适,说明我猜对了。"

"高明,高明,老兄实在是高明!"独眼狼王佩服得五体投地。狼王说:"咱们去5只兔子的那家!"

"不,不。"瘸腿狐狸满脸杀气地说,"咱俩把兔子村来个大扫荡,

15只兔子一个不留,全部咬死!吃不了,也不让他们活在世上!"

"对,斩尽杀绝!我领你去兔子村!"独眼狼王领着瘸腿狐狸直奔兔子村。

兔子村里静悄悄的,连个兔子影儿都没有。

"嗯?"瘸腿狐狸感到有些不妙。

独眼狼王满不在乎地说:"兔子们都在睡午觉,下手吧!"

瘸腿狐狸眼珠一转,说:"这样吧,你去砸开门,进家逮兔子。我腿脚不方便,等在外面专抓逃跑的兔子,怎么样?"

"就这么办,我打头阵!"独眼狼王一阵风似的冲向兔子家。他飞起一脚把门踹开,"嗷"的一声冲进了屋里。紧接着听到独眼狼王在屋里大喊"救命"。

瘸腿狐狸问:"老弟,出什么事啦?"

独眼狼王说:"屋里有夹子,把我脖子夹住了。老兄快救命!"

"你等着,我去找把钳子来。"瘸腿狐狸掉头就走,边走边说,"我救你?我要被夹住,谁救我呀?拜拜吧!"

75. 狼狐决斗

瘸腿狐狸从兔子村一瘸一拐地逃出来。他心有余悸,心中暗道:"真玄呀!差点把命搭进去。"

突然,他发现独眼狼王蹲在前面,一只眼正死死盯着他。"啊,独眼狼王没有死!"瘸腿狐狸心里一惊。

瘸腿狐狸眼珠一转,满面堆笑地迎了上去说:"狼老弟,我正要找把钳子去救你,你……怎么自己出来啦?"

"嘿嘿……"独眼狼王先是一阵冷笑,接着说:"一个小小的铁皮夹子，能治住我独眼狼王？你见死不救，不够朋友，咱们要进行一场决斗，你看怎么斗好？"

"这……"瘸腿狐狸知道躲不过去了，他暗打鬼主意。狐狸说："咱俩各咬对方一口，怎么样？"

独眼狼王点点头说："可以。但是，谁先咬呢？"

瘸腿狐狸说："你出个问题考我，我再出个问题考你，谁赢了谁先咬！"

"就这样。"独眼狼王痛快地答应了。他低头想了想，说："几只狐狸去赶集，半路偷了一窝鸡，一狐一鸡多一鸡，一狐两鸡少两鸡，问有几只狐狸几只鸡。"

"好，好。我们狐狸就有个偷鸡的小毛病，让你抓住编题了。"瘸腿狐狸说，"这个问题说穿了就是：1 只狐狸分 1 只鸡时，多出 1 只鸡来；1 只狐狸分 2 只鸡时，多出 1 只狐狸来。有 4 只鸡，3 只狐狸。对不对？"独眼狼王点了点头。

"该我出题考你啦！"瘸腿狐狸面露奸笑。他说："红狼比白狼个大；灰狼比黄狼个大，但比黑狼个小；黄狼比白狼个大；黑狼比红狼个小。让你按从大到小的顺序，把这几只狼排排队。"

独眼狼王听得独眼发直，傻呵呵地问："你说了半天，到底有几只狼我都不清楚。"

瘸腿狐狸得意地问："认输了吧？"

"认输是认输，不过你先要把答案告诉我！"独眼狼王想弄个明白。

"傻狼！"瘸腿狐狸把嘴一撇说，"总共有 5 只狼。从大到小排是：红狼、黑狼、灰狼、黄狼、白狼。你站好了，我可要先咬啦！"

独眼狼王满不在乎地说："一只狐狸能有多大劲儿？你尽管来咬！"

瘸腿狐狸扑了上去，张开大口用力咬住狼王的脖子。怪了，硬是咬不动！狐狸又用利爪去抓狼王的独眼。

独眼狼王大叫一声："好个瘸腿狐狸，你让我双眼瞎！我饶不了你！"狼王抓住瘸腿狐狸，只一口就把狐狸咬死了。狼王变成了双眼瞎，他痛得到处乱闯，掉进河中淹死了。

两个大坏蛋，一个也没剩。

76. 猪八戒新传之虚张声势

唐僧师徒正往前走，悟空发现前面树林的上空妖雾笼罩。八戒自告奋勇前去探个虚实。

走了没多一会儿，八戒慌慌张张跑了回来，大声叫道："师傅，不好啦！前面树林里有一大群妖精，男妖精青面獠牙，女妖精披头散发，吓死人啦！"

唐僧一听，吓得面如土色。悟空忙问："八戒，你看那儿有多少妖精啊？"

"多啦！"八戒说，"我看足有 100 多个！"

悟空眼珠一转，问道："那些妖精在干什么哪？"

"嗯……"八戒摸了一下脑袋说，"围坐成一圈儿，好像在玩什么游戏。只见一个男妖精站起来说：'我看男的恰好是女的一半。'又站起一个女妖精说：'我看男的和女的一样多。'我赶紧跑回来了，后面他们说的什么我没听见。"

悟空嘿嘿一笑，抡起金箍棒朝着八戒的屁股就是一棒。

八戒捂着屁股大叫："唉哟！痛死我啦！你为什么打我？"

"为什么打你？"悟空用金箍棒指着八戒的鼻子问，"你快说实话，到底有多少妖精？"

八戒赶忙回答:"有五六十个;不,有二三十个;不,我没看清楚。"

沙和尚在一旁摇摇头说:"从100多个到二三十个,二师兄说话也太离谱了!"

"哪里有那么多妖精!"悟空说,"总共才7个,其中3个男妖、4个女妖。你想,让一个男妖看,他看到的是2个男妖4个女妖,男妖恰好是女妖的一半;而让一个女妖看,她看到的是3个男妖3个女妖,男妖女妖一样多。"

悟空让八戒去斗4个女妖,自己去斗3个男妖,沙和尚留下保护师傅。八戒不情愿地拖着钉耙朝树林走去,嘴里小声嘀咕说:"倒霉!4个女妖精不好对付,偏偏叫我去!"

77. 抽数谎破

这一日,骄阳似火,孙悟空对师傅说:"徒儿去弄点泉水和野果来。"八戒立刻凑了上去说:"徒儿去化点馒头和米粥来。"唐僧点头答应后,两个徒儿各奔东西。

八戒来到一片西瓜地,他见左右无人,摇身一变,变成一头小野猪,钻进西瓜地里大吃起西瓜来。忽然,一只老虎猛扑过来,小野猪扭头就跑,老虎紧追不舍。八戒急了就地一滚,又恢复了原样。只见他抡起钉耙就打老虎。可定睛一看,哪里还有什么老虎,分明是孙悟空站在面前。

悟空问:"八戒,你偷吃了多少西瓜?"

八戒摇摇头说:"一个没吃,敢对老天发誓!"

"真的,一个也没吃,这全是真心话。"八戒嘴里嘟哝着。

悟空接过话茬说:"真话谎话我自然会知道的。"接着,从怀中取出 10 片同样大小的竹片,上面分别写着从 1 到 10 十个数字。悟空左右手各拿 5 片竹片,把写着数的一面朝下,对八戒说:"你背着我,从我的两手中各抽一片竹片,记住竹片上写的数,然后再插回来。我翻过来一看,如果我能说出你抽的是哪两片竹片,就说明你说的是真话还是谎话我全知道。"

"有这种事?"八戒半信半疑地从悟空的左右手各抽出一片竹片,默记住上面的数字后又插了回去。

悟空把两手的竹片翻过来一看,说:"你抽的竹片,一片上写着 3,一片上写着 8,对不对?"

"嘿!还真对啦!"八戒连抽了几次,每次都被孙悟空说中。八戒服了,承认自己偷吃了 18 个大西瓜。

八戒问:"猴哥,你究竟耍的是什么把戏?"

悟空把左手一举说:"这 5 片上写的都是偶数。"接着他把右手一举说:"而这 5 片呢,写的都是奇数,当你抽走两片竹片的时候,我把左右手的竹片迅速交换过来。在你再往回插的时候,肯定把一片写着偶数的竹片插到写着奇数的竹片里,一片写着奇数的竹片插到了写着偶数的竹片里。我把竹片翻过来,就一眼看出你插进的那两片竹片了。"

八戒一跺脚说:"咳,我让奇偶数骗了!"

78. 脑门起包

师徒 4 人走得很累,唐僧让大家原地休息。八戒小声对孙悟空说:"猴哥,咱俩玩点什么,好吗?"

孙悟空找来好多小石子，从1个一堆、2个一堆……一直到9个一堆，一共摆了9堆。

孙悟空说："咱俩抢15吧。"

"抢15？怎么个抢法？"八戒很感兴趣。

悟空说："很简单。咱俩一先一后地取石子，每次只能取一堆，谁先取到15个小石子就算谁赢，输了要被弹一下脑门儿。"

"好吧，我先拿。"八戒心想，这还不容易，9加6就是15。八戒伸手就抓走9个的那一堆。悟空不敢怠慢，赶紧拿走6个的一堆。

八戒心中暗骂，这个猴头真坏，破坏了我的计谋！八戒只好又拿了5个的一堆，悟空伸手拿走只有1个的那一堆。八戒一想：坏了，我手中已有14个石子，1个那一堆又被猴头拿走，不管我再拿哪一堆，总数都要超过15。结果八戒输了，脑门上被重重地弹了一下。八戒连着抢先拿了3次，结果都输了，脑门上被弹了3次，起了一个不大不小的包。

八戒捂着脑门对悟空说："你先拿吧，先拿吃亏。"

"可以。"悟空伸手抓起了5个的那一堆。八戒抓起9个的一堆，悟空抓起6个的一堆。八戒心想：我不能拿多的了，不然的话又超过15了，他抓起1个的一堆。悟空把4个的一堆抓到手说："我抢到15啦！认输吧！"

又连玩3次，悟空每次都先抓起5个的那一堆，每次都赢。手摸着脑门上的包越来越大，八戒宣布不玩了。

八戒问："猴哥，你为什么先拿5个那一堆呢？"

悟空笑嘻嘻地对八戒说："我在太上老君那儿，看到这个九宫图。不管你是横着加、竖着加、还是斜着加，3个数之和都得15。5居中央，有4种方法可以得15，而别的数只有3种方法。所以，我先取个5。"悟空边说边画起了九宫图。八戒懊丧地"哼"了一下，一拍脑门，不偏不倚正好打在那个包上。

79. 蜜桃方阵

八戒不知从哪儿采来一些大蜜桃,他对悟空说:"猴哥,替我看着点,我再去采一些回来。"八戒刚要离开,心里一琢磨:不行,猴头最爱吃桃,如果他趁我不在偷吃几个怎么办?他灵机一动,把采来的蜜桃摆成一个正方形。

八戒说:"我摆的这个方阵,每边都有5个桃子,猴哥,你给我好好看着,少了可不成。"

悟空笑着对八戒摆摆手:"放心吧!保证每边5个桃子,绝不会少。"没过一会儿,八戒又采来几串野葡萄,他刚要递给悟空,却瞧着蜜桃方阵愣了起来。

八戒问:"猴哥,这桃子好像少了许多?"

"没有的事!"悟空把眼睛一瞪,"你数一数,每边是不是5个!"八戒一数,每边仍然是5个桃子。

悟空一本正经地说:"我闲来无事,把它们重新摆了摆,个数不少,你快去采果子吧!"说完从八戒手中接过野葡萄。八戒半信半疑,转身走了。

八戒走远了,悟空捂着嘴"哧哧"暗笑:"真是个呆子,原来的摆法有16个桃子,我这么一变动就剩下12个桃子了。"说着他从衣袋里掏出那4个桃子看了看,又从方阵中拿出2个桃子,一起藏了起来。

眨眼间,八戒又背回一口袋野山梨。他简直不敢相信自己的眼睛:"怎么,桃子就剩下这么几个啦?"

"不少,不少!"悟空指着桃子说,"每边5个,你自己数嘛!"

八戒一数,每边确实是5个桃子。八戒拍着脑袋心想:这是怎搞的？

80. 17匹马的故事

农场主人在死后，将17匹马遗留给儿子们，遗嘱里写着：大儿子分得二分之一，三分之一归给二儿子，其余给小儿子，他可得到九分之一。三个儿子实在困恼，就是不知道该怎么分，也不必白白将一头马给杀了，这的确是很头大的事。

父亲的好友知道兄弟间无法遵照着父亲的遗嘱顺利分配马匹时，特地前来说明其父生前曾借给他一匹马，就先还给他们，等遗产分配完后，倘有剩余再送还他。结果是令大家都满意的，你知道怎么分的吗？

最后，在18匹马中，大儿子分到9匹、二儿子分到6匹、小儿子分到2匹，剩下1匹又还给了父亲的朋友。问题解决了，马也回到父亲好友身边，好完美的结局。

81. 猎人的手表

一个住在深山中的猎人，他只有一只机械表挂在手上。这天，表因忘了上发条而停了，附近又没有地方可以校对时间。

他决定下山到市集购买日用品，出门前他先上紧机械表的发条，并看了当时的时间是上午6:35（时间已经是不准了），途中会经过电信局，电信局的时钟是很准的，猎人看了钟并记下时间，上午9:00。到过市集采购完，又绕原路经过电信局，看了当时电信局的时钟指在上午 10∶00，回到家里，手上的表指着上午 10∶35。

猎人如何调校出正确的时间呢？此时的标准时间应该是多少？

82. 棋盘上的麦粒问题

在印度有一个古老的传说：舍罕王打算奖赏国际象棋的发明人——宰相西萨·班·达依尔。

国王问他想要什么，他对国王说："陛下，请您在这张棋盘的第 1 个小格里，赏给我 1 粒麦子，在第 2 个小格里给 2 粒，第 3 小格给 4 粒，以后每一小格都比前一小格加一倍。请您把这样摆满棋盘上所有的 64 格的麦粒，都赏给您的仆人吧！"

国王觉得这要求太容易满足了，就命令给他这些麦粒。当人们把一袋一袋的麦子搬来开始计数时，国王才发现：就是把全印度甚至全世界的麦粒全拿来，也满足不了那位宰相的要求。

那么，宰相要求得到的麦粒到底有多少呢？总数为：

$1 + 2 + 4 + 8 + \cdots\cdots + 2$ 的 63 次方 $= 2$ 的 64 次方 $- 1$

第第第第第

1、2、3、4……64

格格格格格

$= 18446744073709551615$（粒）

人们估计，全世界两千年也难以生产这么多麦子！

与这十分相似的，还有另一个印度的古老传说：在世界中心贝拿勒斯（在印度北部）的圣庙里，一块黄铜板上插着三根宝石针。印度教的主神梵天在创造世界的时候，在其中一根针上从下到上地穿好了由大到小的 64 片金片，这就是所谓梵塔。

不论白天黑夜，总有一个僧侣在按照下面的法则移动这些金片：一次只移动一片，不管在哪根针上，小片必须在大片上面。当所有的金片都从梵天穿好的那根针上移到另外一根针上时，世界就将在一声霹雳中消灭，梵塔、庙宇和众生都将同归于尽。

不管这个传说是否可信，如果考虑一下把 64 片金片，由一根针上移到另一根针上，并且始终保持上小下大的顺序，一共需要移动多少次。那么，不难发现，不管把哪一片移到另一根针上，移动的次数都要比移动上面一片增加一倍。这样，移动第 1 片只需 1 次，第 2 片则需 2 次，第 3 片需 4 次，第 64 片需 2 的 63 次方次。全部次数为：18446744073709551615 次这和"麦粒问题"的计算结果是完全相同的！假如每秒钟移动一次，共需要多长时间呢？一年大约有 31556926 秒，计算表明，移完这些金片需要 5800 多亿年！

83. 它们各自割了多少千克草

小青虫在它的新房子里快乐地贴墙纸。

突然，小青虫背后响起一声大喊："不许动，转过身。"

小青虫转过头一看，原来是昆虫城正被通缉的强盗——甲虫。

"你，你想干什么？"小青虫害怕地问。

甲虫拍拍肚皮："快去给我拿好吃的来。"

小青虫向厨房走去，心里想：应该想法抓住这个坏蛋。

小青虫拿着食物放到甲虫面前的时候，它一眼看到那瓶用来贴墙纸的浆糊。

小青虫有了一个好主意，它说："甲虫先生，你不想看看我漂亮的墙纸吗？"

小青虫在一张墙纸的背面很快涂上浆糊,然后爬上梯子,贴在墙上。

甲虫往墙上看了一眼,那墙纸好看极了。

"甲虫先生,你不想过来看得仔细一点吗?"小青虫假装热情地说。

甲虫来了兴趣,它爬过去。

小青虫飞快地揭起墙纸一角往甲虫身上粘去。

甲虫被粘到了墙上,它用力挣扎起来。

小青虫从梯子上爬下来,马上给昆虫城警察局打电话。

不一会儿,警察赶来了,甲虫被抓住了。昆虫城居民称赞小青虫真聪明。

有一天,小青虫正在家看电视,进来三位小伙伴,它们是小蚱蜢、小金铃子、小蟋蟀。

小青虫问它们有什么事,小蚱蜢说:"今年一年,我们三位约定比赛割草。我和小金铃子共割草 330 千克;小金铃子和小蟋蟀共割草 300 千克;小蟋蟀和我共割草 270 千克。我们算不出各自割了多少草,你能帮忙算一下吗?"

小青虫点点头,找来纸和笔,默默算起来。不一会儿,它就算出了答案:

小蚱蜢、小金铃子、小蟋蟀共割草 450 千克:

$(330 + 300 + 270) \div 2 = 450$(千克)

小蚱蜢割草:$450 - 300 = 150$(千克)

小金铃子割草:$450 - 270 = 180$(千克)

小蟋蟀割草:$450 - 330 = 120$(千克)

84. 需要几天时间

短尾巴猴皮皮最喜欢读武侠书，对书中所描绘的劫富济贫的侠客十分敬慕。

这年，山里闹饥荒，吃的东西越来越少了。一些凶猛强壮的动物依仗自己的尖牙利爪，强抢食物，储藏起来，慢慢享用。许多小动物，像小白兔、小松鼠、小梅花鹿等等，没有吃的，都饿得哇哇乱叫。

皮皮见此情景，很同情。它决心学武侠书中那些侠客，劫富济贫。

主意打定，皮皮第一个"劫富"的目标是老虎家。

深夜，万籁俱寂。皮皮悄悄溜到老虎家，在储藏室拿了许多食物。临离开时，皮皮还在老虎家院门上贴上一张写有"大侠客"三个字的纸条。

然后，它逐个去小动物家，在它们家门口放上它们各自喜欢吃的食物。

接下来的几天，皮皮又依次光顾了狮子家、大灰狼家……它们家的门上呢，也无一例外地贴上一张"大侠客"的纸条。

山大王黑熊接到一个个失窃报告，十分生气，下令一定要破案。

这天夜晚，皮皮正在小山羊家门口放食物，被山大王黑熊派出的暗探发现了，抓进了王宫。

山大王黑熊亲自审问，皮皮死不承认它就是"大侠客"，还说送给小山羊家的食物是自己家节省下来的。山大王黑熊见问不出什么，吩咐先把皮皮关起来再说。

皮皮的好朋友小熊憨憨听说这事，赶来探望皮皮。

皮皮见了好朋友十分高兴，把自己做的事告诉了它。

小熊憨憨很为皮皮骄傲，可它很担心皮皮的处境。

皮皮低头思考了一会儿，问小熊憨憨能不能帮它忙。

小熊憨憨一口答应。

于是，皮皮要小熊憨憨晚上也去做一回"大侠客"。

当晚，小熊憨憨照皮皮说的去做。山大王黑熊以为抓错了皮皮，第二天，皮皮就被放了出来。

这以后呀，小熊憨憨更加崇拜皮皮，碰到什么都爱去问它。

一次，小熊憨憨有一道题不会做，去问皮皮。经皮皮一分析，它明白了。

这道题是这样的：有一种昆虫，由幼虫长成成虫，身子每天长大1倍，15天能长到40毫米长。问长到5毫米时需要多少天？

皮皮告诉小熊，可以这样想：第15天时这条虫的长度比第14天时长大1倍，就是它的2倍，那么第14天时的长度就是 $40 \div 2 = 20$（毫米），同样道理可以推得第13天时的长度是 $20 \div 2 = 10$（毫米），第12天时的长度是 $10 \div 2 = 5$（毫米）。

85. 用砂粒填满宇宙

阿基米德是一个著名的解题能手，解决了许多著名的数学难题。而且，他有一种特殊的本领，能用最简单的方法解答最难的数学问题。对此，历史学家们作了生动的记载。一些人乍见阿基米德要解答的题目，往往会感到无从下手，可是，一旦他们见了阿基米德的解答，便会情不自禁的赞叹："竟有这等巧妙而简单的解法。我怎么就没有想出来呢？"下面这道"砂粒问题"就是一个著名的例子。

"如果用砂粒将整个宇宙空间都填满，一共需要多少砂粒？"

要解答这样的题目，首先要知道宇宙的大小。那时候，古希腊人认为宇宙是一个巨大的天球，日月星辰如同宝石般镶嵌在天球的四周，而人类居住的地球呢，则正好处在于球的中央。

天球有多大呢？根据当时最流行的观点，天球的直径是地球的直径的 10000 倍，而地球的周长是小于 30 万斯塔迪姆（1 斯塔迪姆约等于 188 米）。

阿基米德为了使他的计算更能说服人，有意把这个数值扩大了 10 倍。他假设地球的周长小于 300 万斯塔迪姆，并由此算出宇宙的直径小于 100 亿斯塔迪姆。

那么，砂粒有多大呢？同样是为了增强说服力，阿基米德又有意将砂粒描绘得非常非常小。他假设 1000 颗砂才有 1 颗罂粟籽那么大，而每 1 颗罂粟籽的直径只有 1 英寸的 1/40。

当时，古希腊的记数单位最大才到万，很难满足解答这个题目的需要。于是，阿基米德又将记数单位作了扩充，创造了一套表示大数的方法。他将 1 万叫做第一级单位，将 1 万的 1 万倍（即 1 亿）叫做第二级单位，将第二级单位的 1 亿倍叫做第三级单位，将第三级单位的 1 亿倍叫做第四级单位，……像这样一直取到了第八级单位。

把这一切都安排妥当后，阿基米德没有急于马上去计算填满宇宙的砂粒数，而是首先着手解决一个比较简单的问题：填满一个直径为 1 英寸的圆球，一共需要多少颗砂粒？

因为 1 颗罂粟籽的直径是 1/40 英寸，$1^3 : 40^3 = 1 : 64000$，所以，填满直径为 1 英寸的圆球，至多需要 6.4 亿颗砂粒。这个数目比 10 个第二级单位小。

那么，填满直径为 1 斯塔迪姆的圆球，一共需要多少颗砂粒呢？阿基米德的答案是：这个数目不会超过 10 万个第三级单位。

接下来，阿基米德将圆球的直径不断扩大，逐一计算了当圆球的直径是 100、1 万、100 万、1 亿、100 亿个斯塔迪姆时，填满它所需要的砂粒数。最后，阿基米德得出答案：填满整个宇宙空间所需要的砂粒数，不会超过1000万个第八级单位。

这个数究竟有多大呢？用科学记数法表示就是10^{63}。这是一个非常大的数，如果用一般的记数法表示，得在1的后面接连写上63个0。

古时候，人们把10^4叫做"黑暗"，把10^8叫做是"黑暗的黑暗"，意思是它们已经大得数不清了，而阿基米德算出这个数，不知要比"黑暗的黑暗"还要"黑暗"多少倍。由此可见，解答"砂粒问题"，不仅显示了阿基米德高超的计算能力，也显示了他惊人的胆识与气魄。

不过，用10^{63}颗砂粒是填不满宇宙空间的，充其量也只能填满宇宙一个小小的角落。但是，这不是阿基米德计算的过错。因为古希腊人心目中的"天球"，即使与现在已经观测到的宇宙空间相比，充其量也只能算是一个小小的角落。

86. 斐波拉契数列

13世纪初，欧洲最好的数学家是斐波拉契，他写了一本叫做《算盘书》的著作，是当时欧洲最好的数学书。书中有许多有趣的数学题，其中最有趣的是下面这个题目：

如果一对兔子每月能生1对小兔子，而每对小兔在它出生后的第3个月里，又能开始生1对小兔子，假定在不发生死亡的情况下，由1对初生的兔子开始，1年后能繁殖成多少对兔子？

推算一下兔子的对数是很有意思的。为了叙述更有条理，我们假设最初的一对兔子出生在头一年的12月份。显然，1月份里只有1对兔子；到2月份时，这对兔子生了1对小兔，总共有2对兔子；在3月份里，这对兔子又生了1对小兔，总共有3对小兔；到4月份时，

2月份出生的兔子开始生小兔了,这个月共出生了2对小兔,所以共有5对兔子;在5月份里,不仅最初的那对兔子和2月份出生的兔子各生了1对小兔,3月份出生的兔子也生了1对小兔,总共出生了3对兔子,所以共有8对兔子……

照这样继续推算下去,当然能够算出题目的答案,不过,斐波拉契对这种方法很不满意,他觉得这种方法太繁琐了,而且越推算到后面情况越复杂,稍一不慎就会出现差错。于是他又深入探索了题中的数量关系,终于找到了一种简捷的解题方法。

斐波拉契把推算得到的头几个数摆成一串。

1,1,2,3,5,8……

这串数里隐含着一个规律,从第3个数起,后面的每个数都是它前面那两数的和。而根据这个规律,只要作一些简单的加法,就能推算出以后各个月兔子的数目了。

这样,要知道1年后兔子的对数是多少,也就是看这串数的第13个数是多少。由 5+8=13,8+13=21,13+21=34,21+34=55,34+55=89,55+89=144,89+144=233,不难算出题目的答案是233对。

按照这个规律推算出来的数,构成了数学史上一个有名的数列。大家都叫它"斐波拉契数列"。这个数列有许多奇特的性质,例如,从第3个数起,每个数与它后面那个数的比值都很接近0.618,正好与大名鼎鼎的"黄金分割律"相吻合。人们还发现,连一些生物的生长规律,在某种假定下也可由这个数列来刻画呢。

87. 托尔斯泰问题

19世纪时,俄国有位大文豪叫列夫·托尔斯泰。他的作品形象生动逼真，心理描写细腻，语言优美，用词准确鲜明，对欧洲和世界文学产生过巨大影响。如《战争与和平》、《复活》等等，至今仍然拥有千千万万的读者。

这位大文豪又是一个有名的数学迷。每当创作余暇，只要见到了有趣的数学题目，他就会丢下其他事情，沉湎于数学演算之中。他还动手编了许多数学题，这些题目都很有趣而且都不太难，富于思考性，因而在俄罗斯少年中广为流传。例如：

一些割草人在两块草地上割草，大草地的面积比小草地大 1 倍。上午，全体割草人都在大草地上割草。下午他们对半分开，一半人留在大草地上，到傍晚时把剩下的草割完；另一半人到小草地上去割草，到傍晚还剩下一小块没割完，这一小块地上的草第二天由一个割草人割完。假定每半天的劳动时间相等，每个割草人的工作效率也相等。问共有多少割草人？

这是托尔斯泰最为欣赏的一道数学题，他经常向人提起这个题目，并花费了许多时间去寻找它的各种解法。下面这种巧妙的算术解法，相传是托尔斯泰年轻时发现的。

在大草地上，因为全体人割了一上午，一半的人又割了一下午才将草割完，所以，如果把大草地的面积看作是 1，那么，一半的人在半天时间里的割草面积就是 1/3。

在小草地上，另一半人曾工作了一个下午。由于每人的工效相等，这样，他们在这半天时间里的割草面积也是 1/3。

由此可以算出第一天割草总面积为 4/3。

剩下的面积是多少呢？由大草地的面积比小草地大 1 倍，可知小草地的总面积是 1/2。因为第一天下午已割了 1/3，所以还剩下 1/6。这小块地上的草第二天由 1 个人割完，说明每个割草人每天割草面积是 1/6。

将第一天割草总面积除以第一天每人割草面积，就是参加割草的

总人数。

$$\frac{4}{3} \div \frac{1}{6} = 8 \text{（人）}$$

后来，托尔斯泰又发现可以用图解法来解答这个题目，他对这种解法特别满意。因为不需要作更多的解释，只要画出了这个图形，题目的答案也就呼之即出了。

88. 奇特的墓志铭

在大数学家阿基米德的墓碑上，镌刻着一个有趣的几何图形：一个圆球镶嵌在一个圆柱内。相传，它是阿基米德生前最为欣赏的一个定理。

在数学家鲁道夫的墓碑上，则镌刻着圆周率π的35位数值。这个数值被叫做"鲁道夫数"，它是鲁道夫毕生心血的结晶。

大数学家高斯曾经表示，在他去世以后，希望人们在他的墓碑上刻上一个正17边形。因为他是在完成了正17边形的尺规作图后，才决定献身于数学研究的。

不过，最奇特的墓志铭，却是属于古希腊数学家丢番图的。他的墓碑上刻着一道谜语般的数学题：

过路人，这座石墓里安葬着丢番图。他生命的1/6是幸福的童年，生命的1/12是青少年时期。又过了生命的1/7他才结婚。婚后5年有一个孩子，孩子活到他父亲一半的年纪便死去了。孩子死后，丢番图在深深的悲哀中又活了4年，也结束了尘世生涯。过路人，你知道丢番图的年纪吗？

丢番图的年纪究竟有多大呢？

设他活了X岁，依题意有：

$$\frac{1}{6}X + \frac{1}{12}X + \frac{1}{7}X + 5 + \frac{1}{2}X + 4 = X。$$

这样，要知道丢番图的年纪，只要解出这个方程就行了。

这段墓志铭写得太妙了。谁想知道丢番图的年纪，谁就得解一个一元一次方程，而这又正好提醒前来瞻仰的人们，不要忘记了丢番图献身的事业。

在丢番图之前，古希腊数学家习惯用几何的观点看待遇到的所有数学问题，而丢番图则不然，他是古希腊第一个大代数学家，喜欢用代数的方法来解决问题。现代解方程的基本步骤，如：移项、合并同类项、方程两边乘以同一因子等等，丢番图都已知道了。他尤其擅长解答不定方程，发明了许多巧妙的方法，被西方数学家誉为这门数学分支的开山鼻祖。

丢番图也是古希腊最后一个大数学家。遗憾的是，关于他的生平，后人几乎一无所知，即不知道他生于何地，也不知道他卒于何时，幸亏有了这段奇特的墓志铭，才知道他曾享有 *84* 岁的高龄。

89. 推算科学家的年龄

一位科学家在几年前逝世，逝世时的年龄是他出生年数的 $\frac{1}{29}$。如果这位科学家在 *1955* 年主持过一次学术讨论会，求他当时的年龄。

分析：要想求出这位科学家在 *1955* 年时的年龄，首先必须知道他在哪一年出生。而这个出生年数应满足条件：是 *29* 的倍数，小于 *1955*。把小于 *1955* 的 *29* 的倍数罗列出来：

1943，*1914*，*1885*，*1856*……

在这些数中，哪一个是这位科学家的出生年数呢？如果是 *1885*，那么科学家在1955年的年龄就是：1955－1885＝70，但他逝世时的年龄却是1885÷29＝65，这显然是个矛盾。即科学家不能在1885年出生，同样的方法可以说明在比1885年更早的年数里出生也不行。现在，还剩下1943和1914两个数。如果在1943年出生，不难知道学者在1955年的年龄为12岁，这是不符合事实的，因为科学家不可能的情况都排除了，就可以知道出生年数为1914年，1955年时他的年龄为41岁。解决这个问题的基本思路就是"筛"法，其中也运用了归谬法的思路。

90. 谁的算法对

伊格纳托夫是前苏联著名的科普作家，他一生写下了许多题材新颖、内容丰富、形式活泼的作品，伐木人的争论是其作品中的一道题。

尼基塔和巴维尔是两个伐木人。有一天，俩人干完活正准备吃饭，迎面走来一个猎人："你们好哪，兄弟们！我在森林里迷了路，离村庄又远，饿得心慌，请分给我一些吃的吧！"

"行啊，行啊，你坐下吧！尼基塔有4张饼，我有7张饼，咱们在一起凑合着吃吧"巴维尔热情地说，尼基塔也随声附和着。于是三人平均分吃了11张饼。吃过饭，猎人摸出11个戈比，说道："请别见怪，我身上只有这些钱了，你俩商量着分吧！"

猎人走后，两个伐木人争论起来。尼基塔说："我看这钱应该平分！"巴维尔分驳说："11张饼的钱是11个戈比。正好是1张饼1个戈比，你应得4个，我应得7个！"

他们俩的算法，谁的对呢？显然尼基塔的算法是错的，两人带的饼的数目不同，当然分得的钱也应不同。再看巴维尔的算法：11张饼，11个戈比，每张饼1个戈比，看起来非常合理，如果问题是"猎人用11个戈比买了11张饼"，那么巴维尔的算法的确是正确的。可问题是"3个人平均分吃了11张饼，并且尼基塔和巴维尔带的饼又不一样多"，实际上，11张饼平均分给3个人，就是说，每人吃了$\frac{11}{3}$张饼。

尼基塔有4张饼，自己吃了$\frac{11}{3}$张饼，他给猎人吃了$4-\frac{11}{3}=\frac{1}{3}$张。而巴维尔也吃了$\frac{11}{3}$张，他分给猎人$7-\frac{11}{3}=\frac{10}{3}$张。

猎人吃了$\frac{11}{3}$张饼，付给11个戈比，也就是说，每次$\frac{1}{3}$张饼猎人付给一个戈比。他吃了尼基塔$\frac{1}{3}$张饼，故尼基塔应得1戈比，他吃了巴维尔$\frac{10}{3}$张饼，巴维尔应得10戈比，两个人的算法都错了。

91. 三等分角问题

只准用直尺和圆规，你能将一个任意的角两等分吗？

这是一个很简单的几何作图题。几千年前，数学家们就已掌握了它的作图方法。

在纸上任意画一个角，以这个角的顶点O为圆心，任意选一个长度为半径画弧，找出这段弧与两条边的交点A、B。

然后，分别以A点和B点为圆心，以同一个半径画弧，只要选用的半径比A、B之间的距离的一半还大些，这两段弧就会相交。找出这两段弧的交点C。

最后，用直尺将O点与C点联接起来。不难验证，直线OC已经将这个任意角分成了相等的两部分。

显然，采用同样的方法，是不难将一个任意角 4 等分、8 等分或者 16 等分的，只要有耐心，将一个任意角 512 等分或者 1024 等分，也都不会是一件太难的事情。

那么，只准用直尺与圆规，能不能将一个任意角 3 等分呢？

这个题目看上去也很容易，似乎与两等分角问题差不多。所以，在 2000 多年前，当古希腊人见到这个题目时，有不少人甚至不假思索就拿起了直尺与圆规……

一天过去了，一年过去了，人们磨秃了无数支笔，始终也画不出一个符合题意的图形来！

由 2 等分到 3 等分，难道仅仅由于这么一点小小的变化，一道平淡无奇的几何作图题，就变成了一座高深莫测的数学迷宫？

这个题目吸引了许多数学家。公元前 3 世纪时，古希腊最伟大的数学家阿基米德，也曾拿起直尺与圆规，用这个题目测试过自己的智力。

阿基米德想出了一个办法。他预先在直尺上记一点 P，令直尺的一个端点为 C。对于任意画的一角，他以这个角的顶点 O 为圆心，以 CP 的长度为半径画半个圆，使这半个圆与角的两条边相交于 A、B 两点。

然后，阿基米德移动直尺，使 C 点在 AO 的延长线上移动，使 P 点在圆周上移动。当直尺正好通过 B 点时停止移动，将 C、P、B 三点连接起来。

接下来，阿基米德将直尺沿直线 CPB 平行移动，使 C 点正好移动到 O 点，作直线 OD。

可以检验，AOD 正好是原来的角 AOB 的 1/3。也就是说，阿基米德已经将一个任意角分成了 3 等分。

但是，人们不承认阿基米德解决了三等分角问题。

为什么不承认呢？理由很简单：阿基米德预先在直尺上作了一个记号P，使直尺实际上具备有刻度的功能。这是一个不能容许的"犯规"动作。因为古希腊人规定：在尺规作图法中，直尺上不能有任何刻度，而且直尺与圆规都只准许使用有限次。

阿基米德失败了。但他的解法表明，仅仅在直尺上作一个记号，马上就可以走出这座数学迷宫。数学家们想：能不能先不在直尺上作记号，而在实际作图的过程中，逐步把这个点给找出来呢？

古希腊数学家全都失败了。2000多年来，这个问题激动了一代又一代的数学家，成为一个举世闻名的数学难题。笛卡儿、牛顿等许许多多最优秀的数学家，也都曾拿起直尺圆规，用这个难题测试过自己的智力。

无数的人都失败了。2000多年里，从初学几何的少年到天才的数学大师，谁也不能只用直尺和圆规将一个任意角三等分。一次接一次的失败，使得后来的人们变得审慎起来。渐渐地，人们心中生发出一个巨大问号：三等分一个任意角，是不是一定能用直尺与圆规作出来呢？如果这个题目根本无法由尺规作出，硬要用直尺与圆规去尝试，岂不是白费气力？

以后，数学家们开始了新的探索。因为，谁要是能从理论上予以证明：三等分任意角是无法由尺规作出的，那么，他也就解决了这个著名的数学难题。

1837年，数学家们终于赢得了胜利。法国数学家闻脱兹尔宣布：只准许使用直尺与圆规，想三等分一个任意角是根本不可能的！

这样，他率先走出了这座困惑了无数人的数学迷宫，了结了这桩长达2000多年的数学悬案。

92. 化圆为方问题

古希腊数学家苛刻地限制几何作图工具，规定画几何图形时，只准许使用直尺和圆规，于是，从一些本来很简单的几何作图题中，产生了一批著名的数学难题。除了前面讲过的三等分角问题和立方倍积问题之外，还有一个举世闻名的几何作图难题，叫做化圆为方问题。

据说，最先研究这个问题的人，是一个叫安拉克萨哥拉的古希腊学者。

安拉克萨哥拉生活在公元前5世纪，对数学和哲学都有一定的贡献。有一次，他对别人说："太阳并不是一尊神，而是一个像希腊那样大的火球。"结果被他的仇人抓住把柄，说他亵渎神灵，给抓进了牢房。

为了打发寂寞无聊的铁窗生涯，安拉克萨哥拉专心致志地思考过这样一个数学问题：怎样作出一个正方形，才能使它的面积与某个已知圆的面积相等？这就是化圆为方问题。

当然，安拉克萨哥拉没能解决这个问题。但他也不必为此感到羞愧，因为在他以后的2400多年里，许许多多比他更加优秀的数学家，也都未能解决这个问题。

有人说，在西方数学史上，几乎每一个称得上是数学家的人，都曾被化圆为方问题所吸引过。几乎在每一年里，都有数学家欣喜若狂地宣称：我解决了化圆为方问题！可是不久，人们就发现，在他们的作图过程中，不是在这里就是在那里有着一点小小的，但却是无法改正的错误，随之爆发出一阵阵善意的笑声。

化圆为方问题看上去这样容易，却使那么多的数学家都束手无策，真是不可思议！

年复一年，有关化圆为方的论文雪片似地飞向各国的科学院，多得叫科学家们无法审读。1775 年，法国巴黎科学院还专门召开了一次会议，讨论这些论文给科学院正常工作造成的"麻烦"，会议通过了一项决议，决定不再审读有关化圆为方问题的论文。

然而，审读也罢，不审读也罢，化圆为方问题以其特有的魅力，依旧吸引着成千上万的人。它不仅吸引了众多的数学家，也让众多的数学爱好者为之神魂颠倒。15 世纪时，连欧洲最著名的艺术大师达·芬奇，也曾拿起直尺与圆规，尝试解答过这个问题。

达·芬奇的作图方法很有趣。他首先动手做一个圆柱体，让这个圆柱体的高恰好等于底面圆半径 r 的一半，底面那个圆的面积是 πr^2。然后，达·芬奇将这个圆柱体在纸上滚动一周，在纸上得到一个矩形，这个矩形的长是 $2\pi r$，宽是 $r/2$，面积是 πr^2，正好等于圆柱底面圆的面积。

经过上面这一步，达·芬奇已经将圆"化"为一个矩形，接下来，只要再将这个矩形改画成一个与它面积相等的正方形，就可以达到化圆为方的目的。

达·芬奇解决了化圆为方问题吗？没有，因为他除了使用直尺和圆规之外，还让一个圆柱体在纸上滚来滚去。在尺规作图法中，这显然是一个不能容许的"犯规"动作。

与其他的两个几何作图难题一样，化圆为方问题也不能由尺规作图法完成。这个结论是德国数学家林德曼于 1882 年宣布的。

林德曼是怎样得出这样一个结论的呢？说起来，还与大家熟悉的圆周率 π 有关呢。

假设已知圆的半径为 r，它的面积就是 πr^2；如果要作的那个正方形边长是 X，它的面积就是 X^2。要使这两个图形的面积相等，必须有：

$$X^2 = \pi r^2$$

即 $X = \sqrt{\pi r}$。

于是，能不能化圆为方，就归结为能不能用尺规作出一条像 $\sqrt{\pi r}$ 那样长的线段来。

数学家们已经证明：如果 $\sqrt{\pi}$ 是一个有理数，像 $\sqrt{\pi r}$ 这样长的线段肯定能由尺规作图法画出来；如果 π 是一个超越数，那么，这样的线段就肯定不能由尺规作图法画出来。

林德曼的伟大功绩，恰恰就在于他最先证明了 π 是一个超越数，从而最先确认了化圆为方问题是不能由尺规作图法解决的。

三大几何作图难题让人类苦苦思索了2000多年，研究这些数学难题有什么意义呢？

有人说，如果把数学比作是一块瓜田，那么，一个数学难题，就像是瓜叶下偶尔显露出来的一节瓜藤，它的周围都被瓜叶遮盖了，不知道还有多长的藤，也不知道还有多少颗瓜。但是，抓住了这节瓜藤，就有可能拽出更长的藤，拽出一连串的数学成果来。

数学难题的本身，往往并没有什么了不起。但是，要想解决它，就必须发明更普遍、更强有力的数学方法来，于是推动着人们去寻觅新的数学手段。例如，通过深入研究三大几何作图难题，开创了对圆锥曲线的研究，发现了尺规作图的判别准则，后来又有代数和群论的方程论若干部分的发展，这些都对数学发展产生了巨大的影响。

93. 中国剩余定理

古时候，我国有一部很重要的数学著作叫《孙子算经》。书中的许多古算题，如"物不知数"问题、"鸡兔同笼"问题等等，都编得饶有情趣，1000多年来，一直在国内外广为流传。其中，尤以"物不知数"问题最为著名。

"物不知数"问题的大意是：有一堆物体，不知道它的数目。如果每3个一数，最后会剩下2个；每5个一数，最后会剩3个；每7个一数，最后会剩下2个。求这堆物体的数目。

这是一个不定方程问题，答案有无穷多组。按照现代解不定方程的一般步骤，解答起来是比较麻烦的。而若按照我国古代人民发明的一种算法，解答起来就简单得出奇。有人将这种奇妙的算法编成了一首歌谣：

三人同行七十稀，五树梅花廿一枝。

七子团圆正半月，除百零五便得知。

歌谣里隐含着70、21、15、105这4个数。只要记住这4个数，算出"物不知数"问题的答案就轻而易举了。尤其可贵的是，这种奇妙的算法具有普遍的意义，只要是同一类型的题目，都可以用这种方法去解答。

《孙子算经》最先详细介绍了这种奇妙的算法。书中说：凡是每3个一数最后剩下1个，就取70；每5个一数最后剩1个，就取21；每7个一数最后剩下1个，就取15。把它们加起来，如果得数比106大，就减去105。最后求出的数就是所有答案中最小的一个。

在"物不知数"问题里，每3个一数最后剩2，应该取2个70；每5个一数最后剩3，应该取3个21；每7个一数最后剩2，应该取2个15。由于2×70+3×21+2×15等于233，比106大，应该减去105，相减后得128，仍比106大，应该再减去105，得23。瞧，只需寥寥几步，我们就算出了题目的答案。

这种奇妙的算法有许多有趣的名称，如"鬼谷算"、"韩信大点兵"、"秦王暗点兵"等等，并被编成许多有趣的数学故事。它于12世纪末就流传到了欧洲国家。

可是，13世纪下半叶，我国数学家秦九韶遇到了一个与"物不知数"问题很相似的题目，却不能用这种奇妙的算法来解答。

秦九韶遇到的题目叫"余米推数"问题，在数学史上也很名。它有一种有趣的表述形式。

一天夜里，一群盗贼洗劫了一家米店，放在店堂里的3箩米几乎被席卷一空。第二天，官府派人勘查了现场，发现3个箩一样大，中间那个箩里还剩下14合米，而两边的箩里只剩下1合米了。

盗贼偷走了多少米呢？店主不记得每个萝里装了多少米，只记得它们装得一样多。

后来，行窃的3个盗贼都被抓住了。可是，他们也不知道偷了多少米。那天晚上，店堂里漆黑一团，盗贼甲摸到了一个马勺，用它从左边那个箩里舀米；盗贼乙摸到一个木鞋，用它从中间那个箩里舀米；盗贼丙摸到一个漆碗，用它从右边那个箩里舀米。盗贼们不记得舀了多少次，只记得每次都正好舀满，舀完最后一次后，箩里剩下的米都已不够再舀一次了。

在米店里，人们找到马勺、木鞋和漆碗，发现马勺一次能舀19合米，木鞋一次能舀17合米，而漆碗一次只能舀12合米。问米店共被窃走多少米？3个盗贼各盗窃了多少米？

为什么说"余米推数"问题与"物不知数"问题很相似呢？如果把米店被窃走的米数看作是一堆物体，这个题目实际上就是：

有一堆物体，不知道它的数目。如果每19个一数，最后剩下1个，每17个一数，最后剩14个，每12个一数，最后剩下1个。求这堆物体的数目。

秦九韶想：既然这两个题目很相似，那么，它们的解法也应该很相似。"鬼谷算"解答不了"余米推数"问题，说明它还不够完善。于是他深入探索了古代算法的奥秘，经过苦心钻研，终于在古代算法的基础上，创造出一种更普遍、更强有力的奇妙算法。

这种新算法也就是驰名世界的"大衍求一术",它是我国古代数学里最有独创性的成就之一。国外直到19世纪,才由大数学家高斯发现同样的定理。因此,这个定理也就被人叫做"中国剩余定理"。

秦九韶也因此获得了不朽的声誉。西方著名数学史专家萨顿对秦九韶创造性的工作给予了极高的评价,称赞秦九韶是"他的民族、他的时代以至一切时期的最伟大的数学家之一"。

94. 数学怎样跌进"黑洞"

我们来作一个有趣的数字游戏:请你随手写出一个三位数(要求三位数字不完全相同),然后按照数字从大到小的顺序,把三位数字重新排列,得到一个新数。接下来,再把所得的数的数字顺序颠倒一下,又得到一个新数。把两个新数的差作为一个新的三位数,再重复上述的步骤。继续不停地重复下去,你会得到什么样的结果呢?

例如323,第一个新数是332,第二个新数是233,它们的差是099(注意以0开头的数,也得看成是一个三位数);接下来,990 - 099 = 891;981 - 189 = 792;972 - 279 = 693;963 - 369 = 594;954 - 459 = 495;954 - 459 = 495;……

这种不断重复同一操作的过程,在计算机上被称为"迭代"。有趣的是,经过几次迭代之后,三位数最后都会停在495这个数上。

那么对于四位数,是不是也会出现这种情况呢?结果是肯定的,最后都会停在6174这个数上。它仿佛是数的"黑洞",任何数字不完全相同的四位数,经过上述的重排和求差运算之后,都会跌进这个"黑洞"——6174,再也出不来了。

前苏联作家高基莫夫在其所著的《数学的敏感》一书中,曾把它列作"没有揭开的秘密"。

有时候,"黑洞"并不仅只有一个数,而是有好几个数,像走马灯一样兜圈子,又仿佛孙悟空跌进了如来佛的手掌心。

例如,对于五位数,已经发现了两个"圈",它们分别是{63954,61974,82962,75933}与{62964,71973,83952,74943}。有兴趣的读者不妨自己验证一下。

95. 破碎砝码的妙用

一个商人不慎将一个重40磅的砝码跌落在地面上碎成4块,恰巧每块都是整数磅,后来他又意外发现,可以用这4块碎片做成可以称1到40磅的任意整数磅的重物的新砝码。请你猜一猜,这4块碎片的重量各是多少?

这就是著名的德·梅齐里亚克的砝码问题。这位法国数学家采用"迂回进击"的战术,使问题得到解决。

他是这样演绎的:

首先说明一个结论:如果有一系列砝码,把它们适当地分放在天平的两个托盘上,能称出1到n的所有整数磅重物(这时这些砝码重量的和也一定为n磅)。另设有一块砝码,它的重量为m磅($m=2n+1$),那么原来所有的砝码再加砝码m所组成的砝码组便能称出从1到$3n+1$的所有整数磅的重物。

因为,原砝码组可称出重量1到n的所有整数磅重物,而原砝码组与重量为m磅的砝码可以秤$n+1$到$2n+1$磅的所有整数磅重物。

由此可判定这4块砝码的重量:

第一块砝码取 $m_1=1$(磅)

第二块砝码取 $m_2 = 2 \times 1 + 1 = 3$（磅）

第三块砝码取 $m_3 = 2(1+3) + 1 = 9$（磅）

第四块砝码取 $m_4 = 2(1+3+9) + 1 = 27$（磅）

用这 4 块砝码可秤从 1 到 $(1+3+9+27) = 40$ 磅间的任何一个整数磅重物。

96. 你能算出哪一天是星期几吗

如果你要想知道历史上一些重要日子，或是未来随便哪一天是星期几，不翻日历，能计算出来吗？

根据历法原理，按照下面的公式计算，就可以知道某年、某月、某日是星期几了。

这个公式是：

$$S = x - 1 + \left[\frac{x-1}{4}\right] - \left[\frac{x-1}{100}\right] + \left[\frac{x-1}{400}\right] + C。$$

这里 x 是公元的年数，C 是从这一年的元旦算到这天为止（连这一天也在内）的日数，$\left[\frac{x-1}{4}\right]$ 表示为 $\frac{x-1}{4}$ 的整数部分。在计算 S 时，三个分数式只要商数的整数部分，余数略去不计，再把其它几项依次加减，就可得到 S。

求出 S 以后，用 7 除，如果恰能除尽，这一天一定是星期日；若余数是 1，那么这一天是星期一；余数是 2，这一天就是星期二。依此类推。

例 1：1921 年 7 月 1 日，中国共产党在上海成立。你可知道 1921 年 7 月 1 日是星期几？

按上面的公式，可得：

$$S = 1921 - 1 + \left[\frac{1921-1}{4}\right] - \left[\frac{1921-1}{100}\right]$$

$$+ \left[\frac{1921-1}{400}\right] + (31+28+31+30+31+30+1)$$

$$= 1920 + 480 - 19 + 4 + 182$$

$$= 2567。$$

$2567 \div 7 = 366……5$。

所以1921年7月1日是星期五。

例2：1949年10月1日是伟大的中华人民共和国成立的日子，这一天是星期几？

按上面公式计算，可以知道：

$$S = 1949 - 1 + \left[\frac{1949-1}{4}\right] - \left[\frac{1949-1}{100}\right]$$

$$+ \left[\frac{1949-1}{400}\right] + (31+28+31+30+31+30+31+30+1)$$

$$= 1948 + 487 - 19 + 4 + 274$$

$$= 2694。$$

$2694 \div 7 = 384……6$。

所以1949年10月1日是星期六。

例3：1984年元旦是星期几？

按上面公式可得：

$$S = 1984 - 1 + \left[\frac{1984-1}{4}\right] - \left[\frac{1984-1}{100}\right]$$

$$+ \left[\frac{1984-1}{400}\right] + 1$$

$$= 1983 + 495 - 19 + 4 + 1$$

$$= 2464。$$

$2464 \div 7 = 352$。

所以 1984 年元旦是星期日。

97. "奇异的追击"

四只龟在边长 3 米的正方形四个角上,以每秒 1 米的速度同时匀速爬行。每只龟爬行方向是追击其右邻角上的龟,问经过多少时间他们才能在正方形的中心碰头?

这就是思维魔术家马丁·加德纳的"四龟问题"。

这四龟在任何时候,始终位于正方形的四个角,四龟的不停爬行,使所构成的正方形越来越小,最后,终于碰头于正方形的中心。

这四龟所行的路线显然不是直线,要直接计算行程,使人感到无从下手。怎样解决这个难题呢?

我们分析相邻两龟的爬行,其方向总是构成直角。前龟的移动并不影响两龟之间的距离,它的移动可略去不考虑。这就相当于前龟停留在一个正方形的一角,而后龟沿着正方形的一边向它爬去。这样,当它们在正方形中心相遇时,各龟的爬行路线长刚好都等于正方形的边长,所以需要 $\frac{300}{1} = 300$ 秒。就是说 5 分钟后四龟在正方形中心碰头。

98. 池塘中的芦苇有多高

陈明、张红、方华在昆明湖中划船,岸边有一棵芦苇露出水面。这棵芦苇有多长呢?这里水有多深呢?陈明捉摸了一会儿,拿出尺来量了量芦苇露出水面的长度是 *11* 厘米,芦苇离岸边的距离是 *3* 米零 *1* 厘米,他又扯着芦苇顶端引到岸边,苇顶正好和水面相齐,陈明高兴地说,"我可以算出芦苇的长度和水深。"张红和方华感到奇怪:"你怎么会算的呢?"陈明说:"我叔叔有一本《九章算术》,那是汉朝的著作,离现在快两千年了。前天晚上,叔叔给我讲了其中一个题目,就是计算芦苇长度的。"接着,陈明给他的小伙伴讲了这个题目。

这个题目是《九章算术》勾股章第六题。题目是:

"有一个方池,每边长一丈,池中央长了一棵芦苇,露出水面恰好一尺,把芦苇的顶端引到岸边,苇顶和岸边水面刚好相齐,问水深、苇长各多少?

设池宽 ED = 2a = 10 尺,C 是 ED 的中央,那么,DC = a = 5,生长在池中央的芦苇是 AB,露出水面的部分 AC = *1* 尺,而 AB = BD,设 BD = c,水深 BC = b,△BDC 是一个勾股形。显然 AC = AB − BC = c − b = *1* 尺,AC 的长等于勾股形中弦和股的差,称为股弦差。于是,问题就变了:已知勾股形的勾长和股弦差长,求股长和弦长。

由勾股定理得

$$a^2 = c^2 - b^2,$$

那么,

$$\begin{aligned}
a^2 - (c-b)^2 &= c^2 - b^2 - (c-b)^2 \\
&= c^2 - b^2 - (c^2 - 2bc + b^2) \\
&= 2bc - 2b^2 \\
&= 2b(c-b)
\end{aligned}$$

所以

$$b = \frac{a^2 - (c-b)^2}{2(c-b)} \quad (1)$$

$$c = b + (c-b) \quad (2)$$

将 b,c − b 的数值代入 (1)、(2) 两式,很容易求出水深 b = *12* 尺,

苇长 c = 13 尺,《九章算术》用非常精练的语言概括了这个解法:

半池方自乘,以出水一尺自乘,减之,余,倍出水除之,即得水深。加出水数,得葭(苇)长。

这段话翻译成数学语言,就是(1)式和(2)式。

99. 怎样把有理数排队编号

正整数、负整数、零、一切整数,都可以排队编号,我们已经知道了。

那么,有理数是不是也能排队编号呢?

有理数要排队编号,比起整数来,要复杂得多。因为整数排队,可以按它们的绝对值的大小来分别前后。而有理数呢,就不同了。譬如在相邻的两个自然数 2 与 3 之间,就有无限多个有理数。如果仍旧按它们的绝对值大小来排队,是编不出号码的。

能不能想办法把有理数排队编号呢?

也有办法,下面就作一个介绍。

先看一看下面这个表:

1　2　3　4　5　6　7……

$\dfrac{1}{2}$　$\dfrac{2}{2}$　$\dfrac{3}{2}$　$\dfrac{4}{2}$　$\dfrac{5}{2}$　$\dfrac{6}{2}$　$\dfrac{7}{2}$……

$\dfrac{1}{3}$　$\dfrac{2}{3}$　$\dfrac{3}{3}$　$\dfrac{4}{3}$　$\dfrac{5}{3}$　$\dfrac{6}{3}$　$\dfrac{7}{3}$……

$\dfrac{1}{4}$　$\dfrac{2}{4}$　$\dfrac{3}{4}$　$\dfrac{4}{4}$　$\dfrac{5}{4}$　$\dfrac{6}{4}$　$\dfrac{7}{4}$……

…………

…………

从上面这个表，可以看出第一行是自然数，就是分母是1，分子是自然数由小到大的分数；第二行分母是2，分子是自然数由小到大的分数；第三行以下可以依次类推。行数是无限的，这样一个表，就可以包括所有的正有理数了。

现在就可以把这个表上的所有的数排队编号了。排队编号的方法是按照下列的路线：

先从1起，向右到2，然后向左下斜行到$\frac{1}{2}$，再向下到$\frac{1}{3}$，再向右上斜行过$\frac{2}{2}$到3，又向右到4，又向左下斜行……

这样，可以经过所有表上的有理数，一个也不会漏掉。但是，这里有些有理数是重复的。如1和$\frac{2}{2}$，$\frac{3}{3}$……，实际上都是1。$\frac{1}{2}$，$\frac{2}{4}$，$\frac{3}{6}$，……等等也是重复的，实际上都是$\frac{1}{2}$。所以，在这个排列的表中，要把出现重复的地方去掉。这样得到的是：1，2，$\frac{1}{2}$，$\frac{1}{3}$，3，4，$\frac{3}{2}$，$\frac{2}{3}$，$\frac{1}{4}$，$\frac{1}{5}$，5……这里，$\frac{1}{3}$和3之间的$\frac{2}{2}$去掉了。$\frac{1}{5}$和5之间的$\frac{2}{4}$，$\frac{3}{3}$，$\frac{4}{2}$都去掉了。这样，正有理数的排队就解决了。排队排好，编号就不成问题了。1是1号，2是2号，$\frac{1}{2}$是3号，$\frac{1}{3}$是4号，3是5号等等。

如果要把所有有理数包括正的、负的和零一起排呢？你就可以自己解决了。

你不要以为这样的排队编号，是一种消遣性质的数学游戏。在数学里，像自然数、整数、有理数这类可以把所有的数排队编号的集合叫做可数集合。另一方面，像实数（包括有理数和无理数）、复数

（包括实数和虚数）这样的数的集合，就不能把所有有关的数排队编号，这样的集合叫做不可数集合。可数集合和不可数集合的性质和规律是有所不同的。

100. 抽屉原则

现在有五本书要放到四个抽屉里去，放法是很多的，有的抽屉可以不放，有的可以放一本，有的可以放二本、三本、四本甚至放五本。但是，随便怎样放法，至少总可以找到一个抽屉里至少放上二本书的。

如果每一个抽屉代表一个集合，每一本书就代表一个元素。假使有 $n+1$ 或比 $n+1$ 多的元素要放到 n 个集合里去，那也没有疑问，其中必定至少有一个集合里至少放进二个元素。这就是"抽屉原则"的抽象涵义。

现在我们班上有 54 个同学，我说，这 54 个同学中至少有二个人是同一个星期出生的。你一定会惊奇，我怎么会知道的呢？这很简单，按照我们学校目前招生的情况，学生们的生日不会相差一年，因为一年之中只有 53 个星期，现在学生有 54 人，我们运用抽屉原则的知识，把星期作为抽屉，学生作为书本，那么，这 53 个抽屉里，至少有一个抽屉放进至少二本书的，也就是至少有二个同学在同一星期出生。这不是很容易解答的吗？

一般的情况，书本的数目并不一定比抽屉数目多 1，可以更多一些，例如多 6 本、7 本放到四个抽屉里。如果更多呢？例如 21 本书放到 4 个抽屉里，道理也是一样，也就是无论怎样放法，至少可以找到一个抽屉里至少有 6 本书。这样的情况，即把（$m \times n + 1$）或比（$m \times n + 1$）多的元素放到 n 个集合里的话，无论怎样放法，其中必定至

少有一个集合里至少放进 m+1 个元素。

我们来试试看，假使在一个平面上有任意六个点，无三点共线，每二点用红色或蓝色的线段连起来，都连好以后，能不能找到一个由这些线段构成的三角形，它们的三条边是同一颜色的？

我们可以随便选择其中任何一点，可以看到这一点到其他五个点之间连接了 5 条线段，这 5 条线段中，至少有三条是同一颜色，假定是红色。现在我们单独来看这三条红色的线段吧，这三条线段的另一端不是也有不同颜色的线段连接起来构成三角形的吗？假使其中有一条是红色的，那么，这条红色的线段和其他原来连接的两条红色线段就组成了一个我们所要找的三角形。假使这三条都是蓝色的呢，那么，这三条蓝色线段本身组成的也是我们所要找的三角形。所以，无论你怎样着色，在这任意六个点之间所有的线段中至少能找到同一种颜色的一个三角形。

假使在一场乒乓赛中，从所有的队员里任选六个人，你能证明他们当中必然有三个人互相握过手，或者彼此都没有握过手吗？

101. 在满箱子里再装一个零件

某包装工人要把一批圆形零件装箱，他把 40 个零件放进一个箱子里刚好装满，一点也不松动。但他计算一下后发现，如果每个箱子再能放进一个零件，那么将节省很大一笔钱。你能帮他忙吗？

这个问题表面看来是根本办不到的。因为零件在箱子里可谓"充分饱和"，要想再放进一个零件，必须重新安排结构，对于圆形零件的"紧凑"摆法也只有"三圆两两外切"这一种情况可试了。一经试验立刻获得成功。

这种摆法我们只计算一下长度就可以了。设圆形零件的半径为 r，则相邻的两行的圆心距离为 $\sqrt{3}r$，这样 9 行零件的总长度为 $(8\sqrt{3}+2)r$，前面一种摆法总长度为 16r。

把两个长度比较一下：

$8\sqrt{3}+2 < 8 \times 17.74 + 2 = 15.92 < 16$

由此可见，后一种摆法不但能放进 41 个零件，还略有余地呢！

102. 用淘汰制计算比赛场数

如果你所在的学校要举办一次象棋比赛，报名的是 50 人，用淘汰制进行，要安排几场比赛呢？一共赛几轮呢？如果你是比赛的主办者，你会安排吗？

因为最后参加决赛的应该是 2 人，这 2 人应该从 $2^2=4$ 人中产生，而这 4 人又应该是从 $2^3=8$ 人中产生的。这样，如果报名的人数恰巧是 2 的整数次幂，即 2、4（2^2）、8（2^3）、16（2^4）、32（2^5）……，那么，只要按照报名人数每 2 人编成一组，进行比赛，逐步淘汰就可以了。假如报名的人数不是 2 的整数次幂，在比赛中间就会有轮空的。如果先按照 2 个人一组安排比赛，轮空的在中后阶段比，而中后阶段一般实力较强，比赛较紧张，因此轮空与不轮空机会上就显得不平衡。为了使参赛者有均等的获胜机会，使比赛越来越激烈，我们总把轮空的放在第一轮。例如上例的 50 在 32（2^5）与 64（2^6）之间，而 50 − 32 = 18，那么第一轮应该从 50 人中淘汰 18 人，即进行 18 场比赛。这样参加第一轮的是 18 组 36 人，轮空的有 14 人。第一轮比赛后，淘汰 18 人，剩下 32 人，从第二轮起就没有轮空的了。第二轮要进行 16 场比赛，第三轮 8 场，第四轮 4 场，第五轮 2 场，第六轮就是决赛产生冠军和亚军。这样总共进行六轮比赛，比赛的场数一共是：$18+16+8+4+2+1=49$，恰恰比 50 少 1。

我们再来看看世界杯足球赛的例子。98 年法国世界杯赛共有 32 支参赛球队，比赛采取的方式是先进行分组循环赛，然后进行淘汰赛。如果全部比赛都采用淘汰制进行，要安排几场比赛呢？32 正好是 2^5，因而总的场数是 $16+8+4+2+1=31$，也是比 32 少 1。

不妨再从一般情况来研究。如果报名的人数为 M 人。而 M 比 2^n 大，但比 2^{n+1} 小，那么，就需要进行 $n+1$ 轮比赛，其中第一轮所需要比赛的场数是 $M-2^n$，第一轮比赛淘汰 $M-2^n$ 人后，剩下的人数为 $M-(M-2^n)=2^n$。以后的 n 轮比赛中，比赛的场数为：

$2^{n+1}+2^{n-2}+2^{n-3}+\cdots\cdots+2^3+2^2+2+1$

$=(2^{n-1}+2^{n-2}+2^{n-3}+\cdots\cdots+2^3+2^2+2+1)\times(2-1)$

$=(2^n+2^{n-1}+2^{n-2}+2^{n-3}+\cdots\cdots+2^3+2^2+2)-(2^{n-1}+2^{n-2}+2^{n-3}+\cdots\cdots+2^3+2^2+2+1)$

$=2^{n-1}$

所以，一共比赛的场数是 $(M-2^n)+(2^{n-1})=M-1$，即比参加的人数少 1。

其实，每一场比赛总是淘汰 1 人。在 M 人参加的比赛中，要产生 1 个冠军就得淘汰 $M-1$ 人，所以就得比赛 $M-1$ 场。你明白了吗？

103. 怎么走路淋雨越少

人们经常在雨中奔跑，因为通常认为走得越快，淋的雨就越少。那么实际情况是不是这样呢？我们来算一下。

设人体为一长方柱，其前、侧、顶的表面积之比为 $1:a:b$。将人行走的方向设为 x 轴，设人的行走速度为 v，行走距离为 l。假定雨速是常数 u，它在地平面 x 轴、y 轴及垂直于地面的 z 轴上的分速度分别为 u_x、u_y、u_z。

由于在单位时间内，人在前、侧、顶三个方向的淋雨量与它们的表面积以及三个方向上人与雨的相对速度的绝对值有关，所以单位时间的淋雨量一般可表示为

$k(|v-u_x|+a|u_y|+b|u_z|)$，其中 k 为比例系数。因此，在 l/v 时间内，总淋雨量为

$$s(v)=k\frac{l}{v}(|v-u_x|+a|u_y|+b|u_z|)。$$

其中只有 v 是变量，所以 s 是 v 的函数。

下面我们分不同的情况来讨论。当 $v<u_x$，即在行走方向上人行走的速度小于雨的速度时：

$$s(v)=kl\left(\frac{u_x+a|u_y|+b|u_z|}{v}-1\right)。$$

显然 v 越大，s（v）越小，就是说在这种情况下，走得越快，淋雨量越小。

按照上面的公式，我们同样可以得出当 $v \geq u_x$ 时，如果 $u_x a|u_y|+b|u_z|$，走得越快，淋雨量越小。而如果 $u_x>a|u_y|+b|u_z|$，则是走得越快，淋雨量越大。事实上，由于此时 x 轴方向雨速最大，淋雨量主要来自这一方向，因此 v 不宜过大。相反，倒是要保持人速与雨速相等，即 $v=u_x$，才能使"前"身的淋雨量为 0。

104. 购买奖券的中奖概率

日常生活中我们常可见到各种各样的奖券、彩票，比如体育彩票、

社会福利彩票、有奖储蓄奖券等等。购买奖券时到底是买连号的好还是买不连号的好？到底哪一种中奖机会大呢？

我们先来看一个简单的例子。设有某种奖券，奖券号末位是 0 的就中奖，中奖机会（概率）是 10%。现购买两张奖券。如果购买连号的，则两张奖券的奖券号末位共有 10 种可能，分别是（0，1），（1，2），（2，3）……（9，0），且每一种情况出现的可能性（概率）是一样的，而其中只有（0，1）及（9，0）两种情况中，会有一张奖券中奖，因此，总的中奖概率为 20%，平均中奖次数为 $1 \times 20\% = 0.2$ 次。如果不买连号的而任意购买两张奖券，则两个末位号有以下 100 种可能，同样每种情况出现的概率相同，各为 1%。

（0，0），（0，1），（0，2）……（0，9）
（1，0），（1，1），（1，2）……（1，9）
……
（9，0），（9，1），（9，2）……（9，9）

在这 100 种情况下，只有在（0，0）一种情况下，所购买的两张奖券都中奖，因此概率是 1%；而在（0，1）……（0，9）及（1，0）……（9，0）共 18 种情况中，有且只有一张奖券中奖，概率为 18%；在其余情况下，所购买的两张奖券均不中奖。因此，总的中奖概率为 $1\% + 18\% = 19\%$，比购买连号时的 20% 小了 1%，但平均中奖次数为 $2 \times 1\% + 1 \times 18\% = 0.2$ 次，与购买连号时一样。因此我们说，购买连号或不连号的两种情况下，平均中奖次数（机会）是一样的。

如果购买三张奖券，计算也与前面类似。购买连号的时候，中奖概率是 30%，平均中奖次数是 0.3 次。购买不连号的时候，三张奖券都中奖的概率是 0.1%，有两张奖券中奖的概率是 2.7%，只有一张中奖的概率是 24.3%，总的中奖概率是 27.1% < 30%。此时，平均中奖次数为 $3 \times 0.1\% + 2 \times 2.7\% + 1 \times 24.3\% = 0.3$ 次，仍与购买连号时一样。事实上，无论购买几张奖券，两种购买方式的平均中奖次数都是

一样的。

再把这个例子改一改,设末位奖券号为 0 时中二等奖,末两位奖券号为 00 时中一等奖,且不同奖项可兼中兼得。假设仍然是购买两张奖券,前面已计算过,无论采用哪一种购买方式,中二等奖的平均次数是一样的。类似的可以计算出,购买连号奖券时,中一等奖的概率为 2%,平均中奖次数为 0.02 次。购买不连号奖券时,两张都中奖的概率是 1%×1% = 0.01%,只有一张中奖的概率是 1%×99% + 99%×1% = 1.98%,因此总的中一等奖的概率为 1.99% < 2%,而平均中奖次数为 2×0.01% + 1×1.98% = 0.02 次,两种购买方式的平均中奖次数仍然是一样的。

总而言之,无论奖项分几个等级,无论每个奖项的中奖概率是多少,也无论购买多少张奖券,购买连号的或不连号的,总的中奖概率可能不同,但平均中奖次数总是一样的。

105. 如何用数学方法挑选商品

我们经常会遇到这样的情况:购买商品时,同样的商品有很多,怎样挑选出最满意的一个来呢?当然,营业员不可能把所有的商品都拿出来任你挑选,我们也就没有多大的挑选余地,但如果摆在你面前的商品有很多,你该如何挑选呢?又譬如说生产厂家要从自己的产品中,挑选一个最好的去参加评比,怎样从众多的产品中挑选呢?

所谓满意的标准有很多,对于顾客来说,商品的好坏大致有三个标准:一是商品的质量,二是商品的外观,三是商品的价格。而这三者往往不容易完全兼顾,顾客的心理也有差异,有人对外观的要求较高,而有人则更看重价格。这里,我们假定顾客心中已经有一定的标

准，能够从两件商品中区分出好坏。

现在假定有n件商品供你挑选。一般的方法是采取两两比较，先对其中两个进行比较，再换两个进行比较，如此一直下去，直到最后选出最优的一个来。作两两比较，人们总是希望比较的次数越少越好，那么从n件商品中选出一个最优的至少要比较多少次呢？为了叙述方便，我们把这个次数记为f(n)。

如果n=2，即从两件商品中挑选一个最优的，只须进行一次比较就可以了，因此，f(2)=1。

如果n=3，可以先对其中两件商品作比较，选出的优胜者再与另一件相比选出最优的，因而只须进行两次比较，即f(3)=2。

下面我们来看一般情形，n件商品，我们先任取两件作比较，选出一个再与下一个相比，如此继续，到最后一件，那么一共进行的比较次数是n-1次。这一方案所用的比较次数一定不比f(n)小，有f(n)≤n-1。

现在我们假设已经有一个方案，只需进行f(n)次比较。那么，第一次比较总是从其中的两个开始的，淘汰掉一个之后，优胜者与其它n-2件的最少比较次数是f(n-1)，而原方案去掉第一次比较剩留的比较方案恰好是n-1件商品选优的一种方案。于是有f(n)-1≥f(n-1)，即

$$f(n) \geq f(n-1)+1 \geq f(n-2)+1+1$$
$$\geq f(n-3)+3 \geq \cdots\cdots \geq f(n-(n-2))+n-2$$
$$=f(2)+n-2=1+n-2=n-1。$$

前面已知f(n)≤n-1，现又有f(n)≥n-1，于是，f(n)=n-1。也就是说，从n件商品中挑选出一个最优的，至少要作n-1次比较。前面我们已经给出了一个作n-1次比较的方案，当然也还有其它的最佳方案。比如说我们可以把商品先分成若干个组，在组内先进行比较，然后每组的优胜者再拿到一起作比较。

下面我们来看如何从 n 件商品中挑选两个最优。我们只要求能找出两个最满意的商品，而不需要在两个商品中再区分最优。这时最少的比较次数是多少呢？我们先从 n 件商品中选出一个最优来，最少的比较次数是 n-1，去掉这个最优，再从剩下的 n-1 件商品中选出一个最优，最少进行 n-2 次比较，这时我们保证了这两件商品确实比其它 n-2 件商品更优，由于不需要区分冠亚军，所以在这 2n-3 次比较中，我们还应去掉一次冠亚军之间进行的比较，于是我们最少的比较次数是 2n-4。那么这些比较又如何进行呢？这一问题我们留给读者自己去思考。

106. 能被 2、3、5、9 或 11 整除的数

老师在黑板上出了几个算术题。

1. 312212 能不能被 2 整除？

2. 215412 能不能被 3 或 9 整除？

3. 5712 能不能被 5 整除？

4. 412632 能不能被 11 整除？

你不用笔算，能把结果正确地说出来吗？

也许你认为被除数的位数多了，心算就不可能。

其实要算出一个数能不能被某些数整除，不在乎被除数的位数，也不需要有心算的训练，关键在于我们是不是已经掌握了整除的规律。

1. 因为偶数能被 2 整除，所以，个位数是 0 或偶数的都能被 2 整除。

312212 是偶数，所以能被 2 整除。

2. 由于 10、10^2、10^3……除以 3 或 9 的余数都是 1，因此，10c，$10^2 b$，$10^3 a$……除以 3 或 9 的余数分别是 c，b，a……。比如说，一个

四位数，它可以写成 $10^3a + 10^2b + 10c + d$，它能不能被 3 或 9 整除，就看各个位数相加的和（a+b+c+d）能不能被 3 或 9 整除。

215412 各位数字的和是 $2+1+5+4+1+2=15$，再把 15 的两位数字相加为 $1+5=6$。6 能被 3 整除，而不能被 9 整除，因此，215412 这个数能被 3 整除，但不能被 9 整除。

如果一个数目的各位数字的和能被 9 整除，这个数目就能被 9 整除。能被 9 整除的数，一定能被 3 整除。但是，反过来说并不一定成立，以上举的 215412 就是一个例子。

3. 10、10^2、10^3……都能够被 5 整除，一个数能不能被 5 整除，在于这个数的个位数。因此，个位数是 0 或 5 的数，就能被 5 整除。

4. 10、10^2、10^3……除以 11 的余数，分别是 -1、1、-1、1、-1……因而一个数的个位、百位、万位……数的和，如果与十位、千位、十万位……数的和相同，或它们的差能被 11 整除，就可以断定这个数能被 11 整除。

由于 412632 这个数的个位、百位、万位数字的和是 $2+6+1=9$，而十位、千位、十万位数字的和是 $3+2+4=9$。这两个和是相同的，因此，412632 这个数能被 11 整除。

至于其他一些除数能不能整除被除数，并不像 2、3、9、5、11 那样容易看出来。

我们看看除数是 4 或 7 的情况怎么样？

除数是 4 的时候，由于 10^2、10^3……都能被 4 整除，因此，一个被除数能不能被 4 整除，要看这个被除数的个位数与十位数，能不能被 4 整除。

例如 7324 能被 4 整除，而 7322 只能被 2 整除，而不能被 4 整除。

除数是 7 的时候，由于 10、10^2、10^3……除以 7 的余数分别是 3、2、-1、-3、-2、1、3、2、-1……因此，一个被除数，比如说一个五位数 $10^4a + 10^3b + 10^2c + 10d + e$ 能不能被 7 整除，要看（e−b）

+3（d-a）+2c 能否被 7 整除。

35532 这个数能不能被 7 整除呢？因为（2-5）+3×(3-3)+2×5=-3+10=7，所以，这个数能被 7 整除。

如果除数分解成几个元素的因数，比如 12=3×4，14=2×7，15=3×5，18=2×9，21=3×7，那么，它们能不能整除一个被除数呢？就要看这个被除数能不能被这些因数同时整除。

35532 是偶数，它又能被 7 整除，因此，它能被 2×7=14 整除。

73512 是偶数，又能被 9 整除，所以，73512 这个数能被 2×9=18 整除，其余可以类推。

任何一件事，只要分析了它的原因，总结出规律来，就能很好地解答它。

107. 加法速算法

在一个数学俱乐部的游艺牌上写着这样一道题：$1+2+3+4+5+6+7+8+9+8+7+6+5+4+3+2+1=?$ 你能很快地答出来吗？

有的人老老实实地加起来，当然也得到了结果，但是这不符合要求啊。那么，怎样来速算呢？

先看看下面的例子：

$$1+\underline{2}+1=4=2^2$$
$$1+2+\underline{3}+2+1=9=3^2$$
$$1+2+3+\underline{4}+3+2+1=16=4^2$$
$$1+2+3+4+\underline{5}+4+3+2+1=25=5^2$$
$$1+2+3+4+5+\underline{6}+5+4+3+2+1=36=6^2$$

……

$1+2+3+4+5+6+7+8+9+8+7+6+5+4+3+2+1=81=9^2$

……

$1+2+3+4+5+6+7+8+9+10+11+12+13+12+11+10+9+8+7+6+5+4+3+2+1=169=13^2$

……

不用多写了，你就可以发现，凡是从 1 加到某一个数（即 n），再反过来加到 1，结果都等于到头那个数（n）的平方。如果你记住了这个有趣的关系，那么，对于任意的这样相加法，都可以很快答上来了。我们不是谈到过大数学家高斯的故事吗？老师出了从 1 加到 100 等于多少的题目，小高斯很快答出来是 5050。如果把这个题目再变得难一点，问从 1 加到 100，再加回到 1，一共是多少？你也很容易知道这一定是 $100^2=10000$ 了。

108. 为什么 2^n 个小球能移为一堆

有 2^n 个小球，分成许多堆，随意选定其中的甲、乙两堆，若甲堆的球数不超过乙堆的球数，便从乙堆中取出等于甲数目的小球放入甲堆，这样算做一次"移动"。那么经过有限次的移动，能否把这 2^n 个小球并为一堆呢？

解决本题需要掌握初等数学中的一个重要解题方法——数学归纳法。因为小球的数目，虽有规律如可能是 2，4，8，16……等，但毕竟不能以其中的任一个确定的数为解题出发点，因而解题的方法相应的也要抽象一些。

数学归纳法的证题思路是：要证明一个结论首先验证在所有的 n 可以取的值中选一个最小的值（如 $n=1$ 或 $n=2$ 等），结论是正确的。

第二步是，假设n取任一个自然数K时结论正确，再证明n取K+1时结论也正确。两步结合起来，一个是基础，一个是传递，我们就可以从n=1时结论正确推到n=2结论正确，再推到n=3时结论正确……即对于任意自然数n，结论都正确。

回到我们的问题，结论是肯定。当n=1时有2个小球，最多分两堆。每堆一个小球，那么一次移动就并为了一堆。假定有2^K个小球分成若干堆，经过有限次移动能并为一堆。那么把2^{K+1}个小球分成若干堆时，情形又如何呢？因为2^{K+1}是偶数，所以小球个数是奇数的堆有偶数个，把他们两两匹配，每两堆间移动一次，这样各堆小球的数目就都是偶数了，设想每堆中都把两个小球贴在一起，移动也好不移动也好都当一个小球看待，那么总数不就是2^n个了吗！总起来说就是，只要2^K个小球可并为一堆，那么2^{K+1}个小球就能并为一堆。这样就从2^1个结论成立，推到2^2个结论成立，再推到2^3个结论成立，当然对任意自然数n，结论都是成立的。

109. 计算"断电"的时间

为什么用两支蜡烛能够计算出"断电"的时间？

小聪每天晚上都温习功课，他正在聚精会神地解方程，忽然房间里的电灯熄灭了：保险丝烧断了。他马上点燃了书桌上备用的两支蜡烛，继续解方程，直到电灯修复。

忽然，小聪脑袋闪出一个念头：我是否可以根据两支蜡烛的燃烧程度断定断电的时间？

他回想和观察了一下条件：

1. 虽不知道蜡烛的原始长度，但他记得两支蜡烛是一样长短。

2. 粗的一支能用 5 小时，细的一支能用 4 小时。

3. 残烛的长度一支等于另一支的 4 倍。

他得意起来：这不正是一道解方程的习题吗？不到一刻钟，他的练习本上就得出了断电时间：3 小时 45 分钟。

你知道他是怎样解决这个问题的吗？

只需要列一个简单的方程式。用 x 表示点蜡烛的小时数，每一小时燃粗蜡烛长度的 $\frac{1}{5}$、细蜡烛长度的 $\frac{1}{4}$。因此，粗蜡烛残余部分的长度应是 $1-\frac{x}{5}$，细蜡烛残余部分应是 $1-\frac{x}{4}$。我们知道两烛长度相等并知细烛余部的 4 倍即 $4(1-\frac{x}{4})$ 等于粗烛残余长度 $1-\frac{x}{5}$。

即有 $4(1-\frac{x}{4})=1-\frac{x}{5}$

解方程得 $x=3\frac{3}{4}$ 所以，两烛点燃了 3 小时 45 分钟，亦是断电时间。

110. 从"猴子分桃子"谈起

海滩上有一堆桃子，这是五个猴子的财产，它们要平均分配。第一个猴子来到海滩，它左等右等，未等来别的猴子，便把桃子平均分成五堆，还剩一个，它就把剩下的一个扔到海里，自己拿起了 5 堆中的一堆。第二个猴子来了，它把剩下的桃子分成五堆，把剩下的一个又扔掉了，然后拿起一堆。以后每个猴子来了都是如此办理，问原来至少有多少个桃子？最后海滩上至少剩下多少桃子？这就是著名的"猴子分桃子"问题。著名的英国物理学家狄拉克曾提出了一种解法，

相当巧妙地解决了这个问题。

设原来桃子 N 个,而五个猴子分得的桃子数分别为 A_1,A_2……A_5,则得到

$N = 5A_1 + 1$

$4A_1 = 5A_2 + 1$

$4A_2 = 5A_3 + 1$

$4A_3 = 5A_4 + 1$

$4A_4 = 5A_5 + 1$

经过一系列的代换,就可以得到 $N = 3121$,$4A_5 = 1020$

其实这个答案是受到问题中"至少"这一前提限制而得到的,如果不考虑"至少"这个条件,符合前面关系式的答案是很多的。例如 $N = 6246$,$4A_5 = 2044$;$N = 15621$,$4A_5 = 5116$ 等等。

但是使人感兴趣的不在于所得答案的多少,而是在于这类问题是怎样解出的。原来"猴子分桃子"就是这样的一个数学问题,若 $A_0 = N$,$A_1 = \frac{1}{5}(N-1)$,$5A_{n+1} = 4A_n - 1$

求 A_n

解:由 $5A_{n+1} = 4A_n - 1$,$5A_n = 4A_{n-1} - 1$

两式相减得:$5(A_{n+1} - A_n) = 4(A_n - A_{n-1})$

令 $B_n = A_{n+1} - A_n$ 则有:$B_n = \frac{4}{5} B_{n-1}$

因此:

$A_n = (A_n - A_{n-1}) + (A_{n-1} - A_{n-2}) + \cdots\cdots + (A_2 - A_1) + A_1$

$= B_{n-1} + B_{n-2} + \cdots\cdots + B_1 + A_1$

$= \dfrac{1 - (\frac{4}{5})^{n-1}}{1 - \frac{4}{5}} B_1 + A_1$

$$= 5B_1 \left[1 - \left(\frac{4}{5}\right)^{n-1}\right] + A_1$$

又由于 $A_1 = \frac{1}{5}(N-1)$

$$A_2 = \frac{1}{5}\left[\frac{4}{5}(N-1) - 1\right]$$

则 $B_1 = A_2 - A_1 = -\frac{1}{25}(N+4)$

于是：$A_n = -\frac{1}{5}(N+4)\left[1 - \left(\frac{4}{5}\right)^{n-1}\right] + \frac{1}{5}(N-1)$

$$= -1 + \frac{4^{n-1}}{5^n}(N+4)$$

特别是当 $n=5$ 时，有 $5^5(A_5+1) = 4^4(N+4)$。由于 5 与 4 互质，则 $N+4$ 必为 5^5 的整数倍，即 $N+4 = 5^5 \cdot P$ ($P \in Z$)，同时 $A_5 + 1 = 4^4 \cdot P$，令 $P=1$ 即可求出前面的结果。

从上面的解法，我们看到，如果给定了必须的数列 $\{a_n\}$ 的前几项，再由给定的关于数列若干连续的关系式，就可以由关系式推出一个新数列。因此，我们把这种关系式叫数列的逆推公式，由逆推公式得到的这种数列叫作逆归数列。逆归数列由于逆推公式的不同，因此求它的通项的方法也比较复杂。"猴子分桃子问题"在研究逆归数列上确实起到了开路先锋的作用。

111. 为什么乌鸦不一定喝到水

还在上小学的时候，大概我们就知道了聪明的乌鸦投石喝水的故事。那时候，无不为乌鸦的办法叫好，没有人去考虑乌鸦是否真正能喝到水的问题？现在，我们从几何学体积计算的角度，倒真要研究研究这个问题了,乌鸦一定能喝到水吗?

不难想象,当乌鸦把各种各样形状的小石子扔到瓶里时,石子之间是不可能没有空隙的。如果石子间的空隙较大,而且原来瓶子里的水又比较少,那么即使把瓶里扔进了很多石子(当然是有限的),水面也不一定升到瓶口。只有当瓶里原有水的体积比所丢入的石子间全部空隙更大的时候,水才能充满石子间的空隙,升到石面上来,这样乌鸦才能喝到水。

那么瓶子到底应当有多少水,乌鸦才可能喝到水呢?

当然,这一个问题与石子的形状及其排列方法是有关的。为了简单起见,不妨我们假设乌鸦投进的石子都是大小一样的球体,那么很容易算出空隙部分的体积与瓶子体积的比大致是:

$$\frac{d^3 - \frac{\pi d^3}{6}}{d^3} = 48\%$$

这就表示,按着上面的条件,当瓶子里放满球形石子时,瓶里所有空隙的总和等于瓶的容积的一半稍小一些。假如乌鸦聪明得很,能使各个石子彼此间挨得更紧密,那么至少空隙也得大于瓶子体积的 $\frac{1}{3}$ (计算麻烦一些)。由此看来,我们可以得出这样的一个结果:瓶子里原来的水至少也要占瓶高的三分之一,乌鸦才能喝到水。

我们这样的计算当然也是实在为难乌鸦了,但是,从中不能不使我们在考虑这样一个问题,在日常实际中,应当充分利用空间,减少浪费,将使我们获得更高的效益。

112. 怎样才能使线路最短

对于平面上三个点之间的线路最短问题解决以后,人们自然想到平面上四个点及多于四个点之间的最短线路问题：即对于任意几个点之间的最短线路问题。数学家把它归纳为三个方面的问题：

1. 不增加附加点，如何求得最短线路 F_1？

2. 允许增加若干附加点，如何求得最短线路 F_2？加多少个点最好？加在何处？

3. F_2 比 F_1 最多能缩短多少？

第 1 个问题已经圆满解决了。与第 1 个问题相比较，第 2、3 个问题有着本质的困难。美国贝尔实验室的亨利·波莱克博士和爱德加·吉尔伯特博士就第 3 个问题提出猜想：通过附加点得到的最短路线，最多只能比原来的缩短 13，4%。他们的猜想在 1989 年由中国科学院应用数学研究所研究员堵丁柱同美国贝尔实验室的黄光明博士合作成功的给予了证明，从而从理论上彻底解决了第 3 个问题。这一成果受到国际数学界的广泛关注，并被誉为该领域 1989～1990 年的两项重大成果之一。

第 2 个问题至今还没有得到解决。如果这个问题解决了，最短路线问题就彻底解决了。那时，最短路线问题将给现代社会的电子、通讯、交通和能源等领域带来巨大的变化。超大规模的集成电路使得人们在 $1cm^2$ 的硅片上集成数以 10 万计的元器件，如果能解决好元器件之间的最短连接线的问题，则不仅能简化制造工艺，节约原料，而且能大大提高集成块的运算速度。随着电话的普及，上亿部电话之间的电话线的联网，也是十分复杂的最短路线问题。这个问题解决得好，既可少建很多交换台，又可节约大量的电话线。石油输油管道的分布、高速公路网的修建和民航航线的开辟等等都亟待解决最短路线问题。我们期待着这一问题的早日解决，更希望将来在同学们中能出现解决这一问题的人。

113. 坏狐狸和三角形

鸡妈妈孵出了四只小鸡,她又高兴又担心。高兴的是四只鸡宝宝个个欢蹦乱跳,真是惹人喜爱;担心的是坏狐狸会来偷吃鸡宝宝。

为了防备坏狐狸来偷吃鸡宝宝,鸡妈妈找来许多木板和木棍搭了一间平顶小木房。鸡妈妈想:有了房子就不怕坏狐狸来了。

深夜,田野静悄悄的。月光下,一条黑影飞快地跑近了小木房。

"砰!砰!"一阵敲门声把鸡妈妈惊醒。"谁?"鸡妈妈问。

"是我,是老公鸡,快开门吧。"一种十分难听的声音在回答。

鸡妈妈想:不对呀!老公鸡出远门了,需要好多天才能回答呢。另外,这难听的声音根本不是老公鸡的声音。鸡妈妈大声说:"你不是老公鸡,你是坏狐狸,快走开!"

坏狐狸一看骗不成,就露出了狰狞的面目。他厉声喝道:"快把小鸡崽给我交出来!不然的话,我要推倒你的房子,把你们统统吃掉!"

鸡妈妈心里虽然害怕,嘴里却说:"不给,不给,就是不给!我的鸡宝宝不能给你吃。"

坏狐狸大怒,使劲地摇晃平顶木房子,吓得四只小鸡躲在鸡妈妈的翅膀下发抖。摇了一会儿,房架倾斜了。房顶和墙之间露出个大缝子,一只大狐狸爪子伸了进来,抓起一只鸡宝宝就跑了。

天亮了,小鸟飞来飞去在寻找食物。一阵哭声,惊动了他们。

小黄雀问:"鸡妈妈,你哭什么呀?"

鸡妈妈一边哭一边说:"我修了一个平顶木房,防备坏狐狸来偷吃鸡宝宝。谁知平顶木房不结实,让坏狐狸三推两推给推歪了。坏狐狸抢走了一只鸡宝宝,呜……"

啄木鸟说:"小喜鹊顶会盖房子,还是请他来帮你盖一座结实的房子吧!"

不一会儿,啄木鸟把喜鹊请来了。喜鹊说:"我只会搭窝,哪里会盖房子呀!"

"那怎么办?"大家犯愁了。

喜鹊说:"有一次我在大树上,听见树下几个建筑工人说,'三角形的房顶最结实'。"

啄木鸟着急地说:"谁见过三角形是什么样子啊?"

喜鹊衔来三根树枝,摆了一个三角形。

大家说:"就按这个样子来盖吧。"

小鸟们有的衔树枝,有的衔泥,啄木鸟在木头上啄出小洞,喜鹊用细枝条把木头都绑起来。在太阳快落山的时候,一座三角形房顶的新房子盖好了。

晚上,坏狐狸又来了。这次,他二话没说,扶着木房子就拼命摇动起来。怪呀,今天晚上这个木房子怎么摇不动了呢?!坏狐狸鼓足了劲再摇,还是丝毫不动。

天快亮了,坏狐狸狠狠地说:"现在就算饶了你们,明天我还要来,只要你们敢出来,我就吃掉你们!"

清晨,小鸟又看见鸡妈妈在守着木房子发愁。

小山鹰问:"鸡妈妈,你的木房子不是好好的嘛,你还愁什么?"

鸡妈妈说:"三角形的屋顶是比较牢靠,可是我们不能总呆在房子里面呀!坏狐狸说我们一出来,他就要来抓鸡宝宝。"

百灵鸟说:"我有个好主意,咱们帮鸡妈妈在房子外面围一圈木栅栏,再装一个木栅栏门进出,这不就可以防备坏狐狸了吗?"

大家都说这个主意好,于是一起动手筑了一道木栅栏。他们还把上头削尖了,防止坏狐狸跳进来。最后装上一个长方形的木栅栏门。

傍晚,坏狐狸真的又来了。他看见鸡宝宝在栅栏里又蹦又跳,馋得口水直流。坏狐狸围着木栅栏转了两圈,发现还是搞毁栅栏门最容易。他两只爪子扣着木栅栏门使劲地摇。结果,长方形的门变成了平行四边形,露出了一个豁口。坏狐狸"嗖"地一下跳了进去,要不是鸡妈妈领鸡宝宝赶快跑进了房子里,恐怕就要遭殃了。

坏狐狸走了。小喜鹊飞来说:"长方形的门容易变形,给它斜钉上一块木板,变成两个三角形就牢固多了。"

大家听了非常高兴,又忙了一阵子才离开。

坏狐狸没吃着鸡宝宝是不甘心的,他又悄悄地来了。他直奔木栅栏门,把门使劲摇晃。咦,这次怎么摇不动了呢?狐狸使足了劲一摇,只听"扑通"一声掉进了陷阱里。陷阱底全是三角形的禾尖钉,狡猾的狐狸丧了命。

鸡妈妈高兴地说:"三角形用处可真大呀!"

114. 火柴游戏

一个最普通的火柴游戏就是两人一起玩,先置若干支火柴于桌上,两人轮流取,每次所取的数目可先作一些限制,规定取走最后一根火柴者获胜。

规则一:若限制每次所取的火柴数目最少一根,最多三根,则如何玩才可制胜?

例如:桌面上有 $n=15$ 根火柴,甲、乙两人轮流取,甲先取,则甲应如何取才能制胜?

为了要取得最后一根,甲必须最后留下零根火柴给乙,故在最后一步之前的轮取中,甲不能留下 1 根或 2 根或 3 根,否则乙就可以全部取走而获胜。如果留下4根，则乙不能全取，则不管乙取几根（1或2或3），甲必能取得所有剩下的火柴而赢了游戏。同理，若桌上留有8根火柴让乙去取，则无论乙如何取，甲都可使这一次轮取后留下4根火柴，最后也一定是甲获胜。由上之分析可知，甲只要使得桌面上的火柴数为4、8、12、16…等让乙去取，则甲必稳操胜券。因此若原先桌面上的火柴数为15，则甲应取3根。（∵15－3＝12）若原先桌面上的火柴数为18呢？则甲应先取2根（∵18－2＝16）。

规则二：限制每次所取的火柴数目为1至4根，则又如何制胜？

原则：若甲先取，则甲每次取时，须留5的倍数的火柴给乙去取。

通则：有n支火柴，每次可取1至k支，则甲每次取后所留的火柴数目必须为k+1之倍数。

规则三：限制每次所取的火柴数目不是连续的数，而是一些不连续的数，如1、3、7，则又该如何玩法？

分析：1、3、7均为奇数，由于目标为0，而0为偶数，所以先取者甲，须使桌上的火柴数为偶数，因为乙在偶数的火柴数中，不可能再取去1、3、7根火柴后获得0，但假使如此也不能保证甲必赢，因为甲对于火柴数的奇或偶，也是无法依照己意来控制的。因为（偶－奇＝奇，奇－奇＝偶），所以每次取后，桌上的火柴数奇偶相反。若开始时是奇数，如17，甲先取，则不论甲取多少（1或3或7），剩下的便是偶数，乙随后又把偶数变成奇数，甲又把奇数恢复到偶数，最后甲是注定为赢家；反之，若开始时为偶数，则甲注定会输。

通则：开局是奇数，先取者必胜，反之，若开局为偶数，则先取者会输。

规则四：限制每次所取的火柴数是1或4（一个奇数，一个偶数）。

分析：如前规则二，若甲先取，则甲每次取时留5的倍数的火柴给乙去取，则甲必胜。此外，若甲留给乙取的火柴数为5的倍数加2

时,甲也可赢得游戏,因为玩的时候可以控制每轮所取的火柴数为5(若乙取1,甲则取4;若乙取4,则甲取1),最后剩下2根,那时乙只能取1,甲便可取得最后一根而获胜。

通则:若甲先取,则甲每次取时所留火柴数为5的倍数或5的倍数加2。